KB241324

일본대학, 지망이유서로 결정된다

일본대학, 지망이유서로 결정된다

| **저자** 칸자키 후미히코
| **역자** 국알지

합격자의 지망이유서에는 '이것'이 있다!

KDS
Kenkyu Douki Sentaku

국내 최초 지망이유서 전문서적

일본 명문대 합격 지망이유서 사례를 문석하여,
논리적인 지망이유서 작성방법을 담은 일본대학
수험생을 위한 필수 도서

좋은땅

예비 유학생, 그리고 학부모 여러분께

✿ 이 책은 수많은 지망이유서 관련 서적을 참고하고, 직접 지망이유서와 연구계획서를 작성했던 경험을 바탕으로, 예비 유학생 여러분께 일본 최고의 지망이유서 전문가는 어떤 방식으로 글을 써 내려가는지를 소개하고자 하는 마음에서 시작되었습니다. 지망이유서는 단순히 하고 싶은 이야기를 적는 글이 아닙니다. 자신의 생각과 경험을 논리적이고 일관성 있게 풀어내야 하는 매우 중요한 입시 서류입니다. 하지만 많은 학생들이 이 점을 간과한 채 핵심에서 벗어난 내용을 작성하는 경우가 많습니다. 이러한 문제를 바로잡고, 일본 유학을 보다 체계적으로 준비할 수 있도록 돕기 위해 저자 칸자키(神崎)씨 및 관계자들과 협의와 노력 끝에 이 책을 번역·출간하게 되었습니다.

✿ 저 역시 일본 유학을 준비하던 시절, 혼란과 불확실성 속에서 많은 어려움을 겪었습니다. 한국과는 전혀 다른 입시 제도, 턱없이 부족한 정보, 어디에서도 명확한 답을 찾을 수 없던 답답한 나날들. 지금도 여전히 비슷한 고민을 안고 있을 후배 유학생들을 떠올리며, 실질적인 도움을 줄 수 있는 방법이 무엇일지 깊이 고민하게 되었습니다.

✿ 많은 학생들이 "지망이유서만을 전문적으로 지도해 주는 곳이 한국에는 거의 없다"고 말합니다. 이러한 현실 속에서『일본 국립대 출신이 알

려주는 지망이유서(줄여서 '국알지')』가 탄생하게 되었고, 학생 한 사람 한 사람의 스토리를 반영한 맞춤형 1:1 지망이유서 전문 컨설팅 서비스를 본격적으로 시작하게 되었습니다.

⚜ 국알지는 단순한 정보 전달에 그치지 않고, 맞춤형 컨설팅을 통해 학생들이 느끼는 지망이유서에 대한 부담을 최대한 덜어주며, 다른 입시 공부에 전념할 수 있는 환경을 함께 고민합니다. 특히 일본 국립 교토대학 출신 컨설턴트들로만 팀을 구성하여, 실력과 경험을 바탕으로 국내 최고 수준의 지망이유서 지도를 제공하고 있습니다.

⚜ 일본 유학을 준비하며 막막함과 어려움을 느끼고 있는 모든 예비 유학생과 학부모님께 이 책과 국알지가 진심 어린 도움이 되기를 바랍니다. 여러분이 품고 있는 꿈은 결코 작지 않습니다. 처음에는 작고 불확실하게 보일지 모르지만, 방향을 제대로 잡고 한 걸음씩 나아간다면 꿈이 현실이 될 수 있습니다. 지망이유서 작성은 그 첫걸음입니다. 국알지는 여러분이 그 꿈을 구체화하고 실현하는 데 있어 든든한 동반자가 되고 싶습니다. 앞으로의 도전을 진심으로 응원합니다.

지망이유서&면접 상담 관련 국알지 카카오 채널

✿ 저는 공모제로 진행된 추천 입시(호세이대학 법학부 논문 특별 입시, 현재는 폐지)를 통해 대학에 합격했습니다. 그래서 지망이유서를 작성할 때의 어려움을 누구보다 잘 이해할 수 있습니다. 당시에는 AO·추천 입시를 전문적으로 다루는 학원이나 예비 학교가 없었고, 고등학교 선생님들조차 AO·추천 입시에 대한 노하우를 가지고 있지 않았습니다. 시행착오를 거듭하며 일반 입시 공부와 병행해 지망이유서를 완성했던 기억이 납니다.

✿ 시험 준비생이던 시절, 저는 '하고 싶은 것을 찾지 않으면 지망이유서를 쓸 수 없다'는 생각에 깊이 고민했습니다. 하지만 대학의 역할과 대학에서 배울 수 있는 것들을 알아보는 과정에서 점차 제 생각이 바뀌게 되었습니다. 대학을 졸업하고 사회의 일원이 된다는 것은, 타인과 사회를 위해 '해야 할 일'을 고민해야 한다는 것이며, '하고 싶은 것'은 그 과정 속에서 발견되는 것이라는 깨달음을 얻게 되었습니다. 다시 말해, '하고 싶은 것'만을 주장하는 것은 미숙한 태도라는 것을 알게 되었습니다.

✿ 제가 과거에 작성했던 지망이유서가 지금 제 손에 있습니다. 그 안에는 "세상에서 차별을 없애기 위해 법 개정이 필요하다. 그 식견을 얻기 위해 법학부에서 공법을 연구하고 싶다"라는 문장이 적혀 있습니다. 지금 다시 읽어 보면 문장이 어설프고, 빨간 펜으로 고쳐 쓰고 싶을 정도로

부족함이 느껴집니다. 하지만 그 안에는 당시 저의 열정이 고스란히 담겨 있습니다. 저는 '하고 싶은 것'이 아니라, 사회의 일원으로서 '해야 할 것'이 무엇인지 고민하고 조사하며, 그것을 진지하게 써 내려갔습니다. 이 지망이유서는 바로 그런 '해야 할 것'을 전하는 글입니다.

✿ '해야 할 것'을 찾으려면, 사람들과 겉으로만 교류하는 것이 아니라 진심을 다해 마주하는 태도가 중요하다고 생각합니다. 사람들은 누구나 일상생활 속에서 다양한 문제와 과제를 안고 살아갑니다. 타인의 마음에 다가가 그들의 문제를 발견하고, 이를 해결할 방법을 탐구해 보세요. 그러면 '내가 해야 할 일은 무엇인지', '어떤 분야의 지식이 문제를 해결하는 데 필요한지'를 자연스럽게 알게 될 것입니다. 이런 과정을 거치면서 비로소 문제의 본질을 파악하려는 태도와 학문을 깊이 탐구하려는 의지가 싹트게 될 것입니다. 단순한 열정이 아니라, 진심 어린 열정이 그 안에 담길 것입니다.

✿ 자신, 타인, 그리고 학문에 진지하게 마주할 때, 자신의 부족함을 외면하지 말고, 아는 척하지 말며, 귀찮아하지 말고, 밝은 미래를 믿으며 나아가세요. 주도적인 태도로 자신의 인생을 결정하세요. 많은 가능성을 가진 당신이기에, 넓은 시야로 진로를 바라보고 스스로 정보를 수집해야 합니다. 행동을 시작해야 할 때는 바로 지금입니다. 그리고 타인과

학문에 대한 진지한 자세를 지망이유서에 표현하세요. 대학 교수들은 분명 당신의 진심에 공감할 것입니다.

✿ 지망이유서는 결국 '성실한 열의'로부터 탄생하는 것입니다.

✿ 그런데 요즘 많은 수험생들이 진로 결정을 '미루고', 대학에서의 배움에 '진지하게 마주하지 않은 채' 단순히 '대학 입학이라는 목표'를 달성하는 데만 급급한 경우가 많습니다. 수험 공부라는 시험대에서 도망치기 위해, 가볍게 AO·추천 입시로 합격하려는 사람들도 있습니다. 이러한 수험생들이 작성한 지망이유서에 과연 '성실한 열의'가 담겨 있을까요? 저는 그런 수험생들의 모습을 볼 때마다 '안타까움을 느끼고', 때로는 '꾸짖고 싶은 마음'이 듭니다. '결정을 미루거나 도피하려는 자세'는 결국 자신을 더 고통스럽게 만들기 때문입니다. 저는 실제로 그러한 고통을 겪는 대학생들을 수없이 보아 왔습니다. 그래서 이 책을 손에 든 당신에게는 그런 일이 일어나지 않기를 바랍니다.

✿ 사회와 타인이 가진 과제에 스스로 나서서 도전하지 않으면, 미래는 없습니다. 저는 앞으로의 사회를 이끌어 나갈 당신이 그런 '도전 정신'을 가지기를 바랍니다. 또한 대학에서 얻은 지혜와, 실패 속에서도 다시 일어나 문제를 해결하려는 '용기'를 통해 당신의 미래를 개척해 나가길

바랍니다. '행동을 시작하는 것은 바로 당신 자신입니다.'

❀ 저의 사명은, 타인과 자신을 존중하고, 학문을 사랑하는 인재를 사회에 배출하는 것이라고 생각합니다. 미래가 밝은 당신에게, 그리고 앞으로 일본을 이끌어 나갈 당신에게 제 뜨거운 마음이 전해지길 바랍니다. 또한 평생 동안 '성실한 열의'를 소중히 여기는 사람이 되기를 진심으로 바랍니다.

목차

Part 1
지망이유서 편

Part 2
자기 PR문 편

답변 예시를 Before와 After로 나누어 한눈에 비교할 수 있도록 구성했습니다.

학부별로 답변 예시를 수록했습니다. 연구하고자 하는 분야에 보다 가까운 지망이유서 작성 방법을 배울 수 있습니다.

해당 부분에는 Before 문장의 개선 포인트가 정리되어 있습니다.

Before 문장은 무엇이 문제인지 알려줍니다.

지망이유서에 들어가야하는 내용을 After 문장과 같이 자세히 설명합니다.

칸자키 선생님이 지망이유서에 대해서 자세히 어드바이스 합니다.

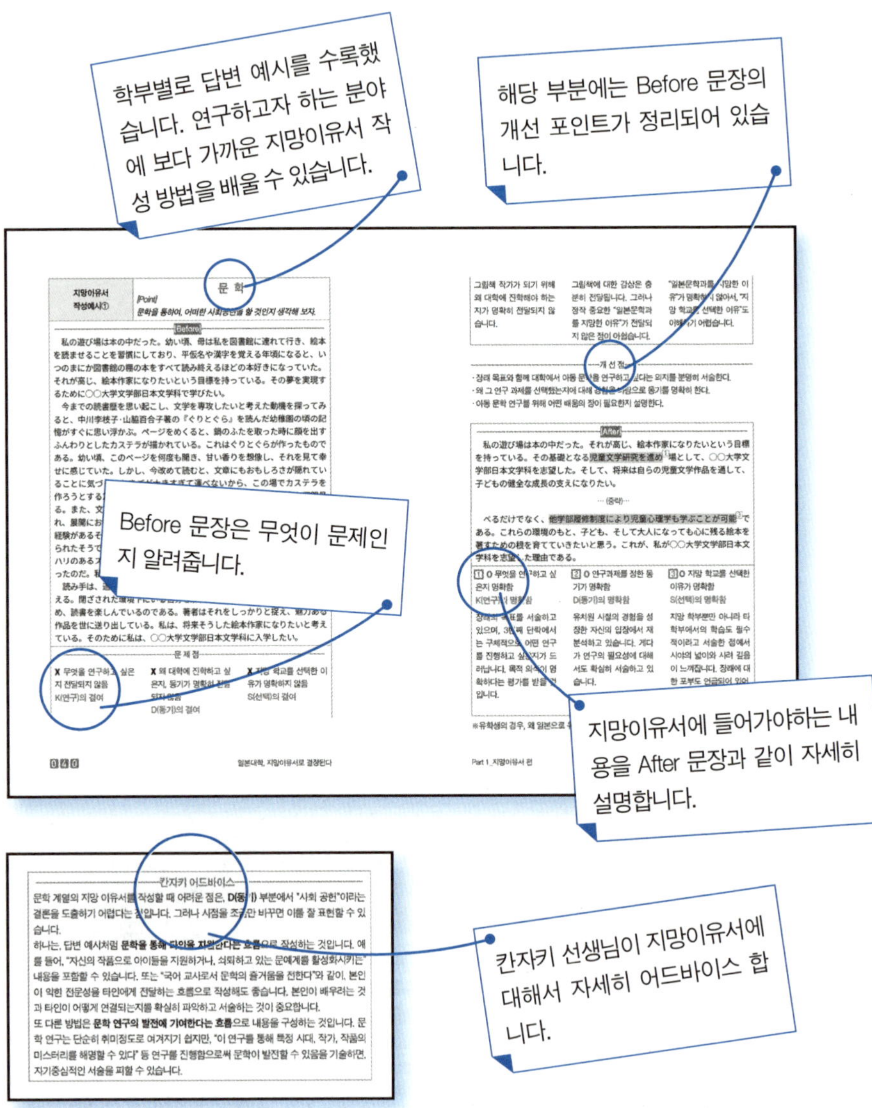

Part1 지망이유서 편에서는 각 답변 예시에 대해 다음과 같은 페이지 구성이 되어 있습니다. 알찬 정보가 가득합니다.

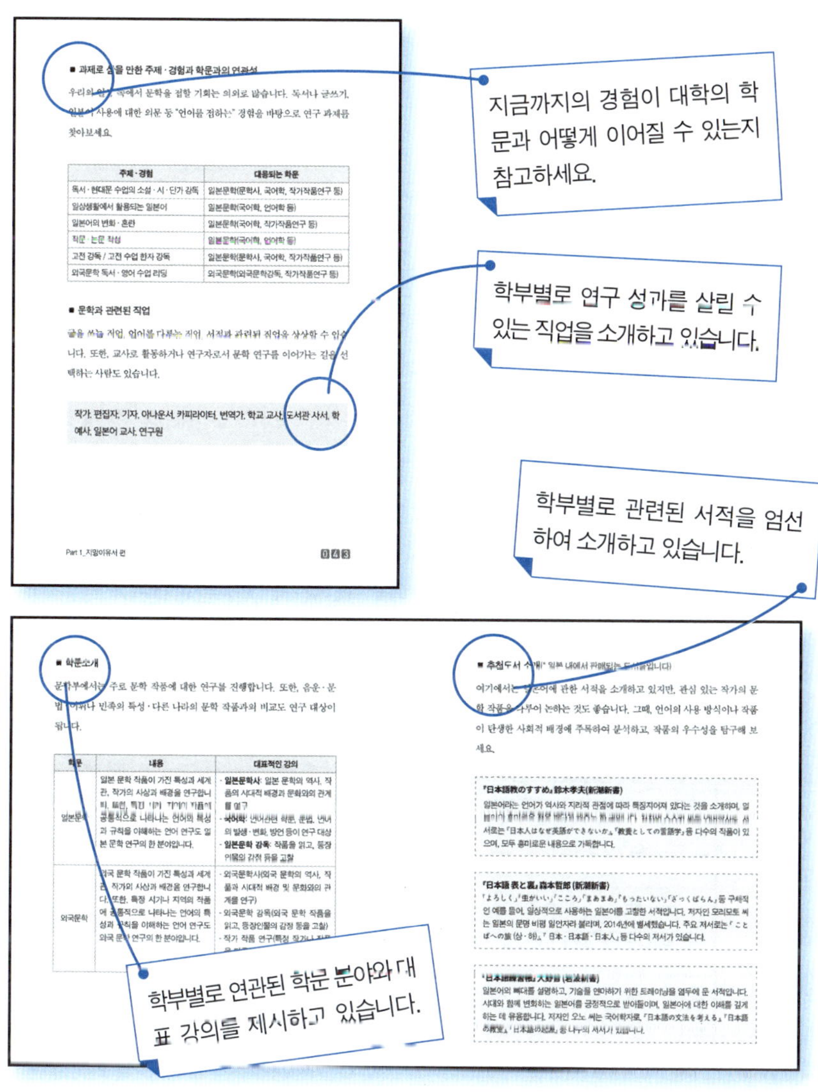

지망이유서나 자기 PR문은 원고지에 작성하도록 지시 받는 경우가 있습니다. 원고지 사용 방법을 잘못 이해하면 감점 대상이 되거나 나쁜 인상을 줄 우려가 있으므로, 지망이유서를 작성할 때는 반드시 원고지 사용에 관한 규칙을 확인해야 합니다.

私は栄養のバランスがとれる食事の指導法や
栄養管理の方法を研究し、将来管理栄養士と
して患者の方のQOLを第一に内面から支えて
いきたい。
幼い頃から体が弱かった私は、母の『栄養管理』
のおかげで成長することができた。栄養の管
理の重要性を感じている私は、管理栄養士と
なって、子どもが健全な生活を営む支援をし
ていきたいと考えるようになった。
　そのためには、食物や病気に関する様々な
知識とコミュニケーション能力の2つの要素
が必要だ！貴学では、基礎栄養学を始めとし
、臨床栄養学、栄養教育実習といった栄養に
関する幅広い知識とコミュニケーション能力
を養うことができるカリキュラム、そして、
教授陣が揃っている。
　将来、私は○○大学栄養学部管理栄養学科
で身につけた栄養学に関する知識、実技能力、
コミュニケーション能力を活用して、病気で
苦しんでいる子どもを助けたいと考えている。

일본대학, 지망이유서로 결정된다

1

글을 시작하거나 단락을 나눌 때는 첫 번째 칸을 비워 둡니다. 다만, 첫 번째 칸부터 작성하라는 지시가 있을 경우에는 해당 지시에 따라야 합니다.

2

가로쓰기 원고지에서 숫자를 사용할 때는 한자 숫자와 아라비아 숫자(1, 2 등) 모두 사용할 수 있습니다. 알파벳이나 단위 기호(km 등)도 사용할 수 있습니다. 아라비아 숫자나 알파벳을 쓸 때는, 한 자릿수는 한 칸에 한 글자씩, 두 자릿수 이상은 한 칸에 두 글자로 쓰는 것이 일반적입니다.

***주의** 세로쓰기의 경우, 숫자는 한자 숫자(一, 二 등)만 사용하며, 한 글자당 한 칸을 사용합니다. 아라비아 숫자는 사용하지 않습니다. 알파벳이나 단위 기호는 가능한 사용을 피하고, 가타카나로 표기합니다. 다만, 자료의 "표 1", "그림 2" 또는 "O-157"과 같이 관용적으로 아라비아 숫자가 사용되는 단어의 경우에는 그대로 아라비아 숫자를 사용합니다.

3

구두점이나 소문자(っ, ゃ 등), 괄호 등도 한 칸을 사용합니다.

4

겹낫표(『 』)는 책 제목을 기재하거나 홑낫표 안에 또 다른 괄호를 사용할 경우에만 사용합니다. 일반적으로는 홑낫표(「 」)를 사용합니다.

5

기호(!, ?)나 큰따옴표(" ")는 사용하지 않도록 주의해야 합니다.

6

구두점, 소문자, 닫는 괄호가 행의 맨 앞에 오는 경우, 이전 행의 마지막 칸에 다른 문자와 함께 작성합니다.

7

마지막 칸에 마침표를 함께 작성하면 글자 수 초과로 판단될 우려가 있습니다. 마지막 행에 한해서는 마침표도 한 글자로 계산해야 합니다.

표현과 표기의 세심한 배려는 독자가 혼란을 겪는 것을 방지하고, 작성자의 의도를 정확히 전달하는 데 도움을 줍니다. 또한, 표현이나 표기의 오류는 감점 대상이 될 수 있으므로 올바른 표기를 유지하도록 주의해야 합니다.

■ 문장은 짧게 나누어 작성하세요 ─────────────────────

문장이 길어지면 주어와 술어, 수식어와 피수식어의 관계가 모호해져 어색한 표현(예: "제 꿈은 변호사가 되고 싶습니다."처럼 주어와 술어가 어긋난 표현)이 될 가능성이 높아집니다.

> **X** 日本をはじめ、世界中で様々な科学・技術や制度・文化・思考が変化を続け、高度化していて、社会で起こる事象もそれに合わせて複雑化しており、こうした状況の中で適切な判断を行うには、広い教養や深い知識やそれに伴う思考レベルの高さが必要だ。
>
> **O** 日本をはじめ、世界中で様々な科学・技術や制度・文化・思考が変化を続け、高度化している。そして、社会で起こる事象もそれに合わせて複雑化している。こうした状況の中で適切な判断を行うには、広い教養や深い知識、それに伴う思考 レベルの高さが必要だ。

■ 호응표현 —

「なぜなら」로 문장을 시작했으면 반드시 「~からだ。」로 끝나는 표현을 사용해야 합니다. 또한, 「~たり、~たり」와 같은 표현은 특히 오류가 자주 발생하는 호응 표현입니다. 아울러, 호응 표현은 한 문장 안에서만 작동하며, 문장을 넘어서 사용하는 것은 적절하지 않습니다.

> **X** なぜなら、人はそれぞれ違う。そして、価値観も人により異なるからだ。
> **O** なぜなら、人はそれぞれ違い、価値観も人により異なるからだ。

■ 한자, 오쿠리가나, 가나 표현에 대한 기본 원칙 — — — — — — — — — —

한자, 오쿠리가나, 가나 표기의 오류에 주의해야 합니다. 한자로 표기할 수 있는 것은 원칙적으로 한자 표기로 작성합니다. 특히 기억나지 않는 부분에만 히라가나를 사용해 한자와 히라가나가 섞인 표현은 피해야 합니다.

> **X** 忙がしい　　**X** 短かい　　**X** 不可決
> **O** 忙しい　　**O** 短い　　**O** 不可欠
>
> **X** 価値感　　**X** 決っして　　**X** 少しづつ
> **O** 価値観　　**O** 決して　　**O** 少しずつ

■ 구독점 —

쉼표를 너무 많이 사용하거나 너무 적게 사용하지 않도록 주의해야 합니다. 쉼표의 위치에 따라 문장의 의미가 달라질 수 있으므로, 적절한 위치에 사용하는 데 신경 써야 합니다.

> **X** 母に電話をして迎えに来てもらえるよう頼んだ。
> **O** 母に電話をして、迎えに来てもらえるよう頼んだ。

■ 문체의 통일

지망이유서나 자기 PR문과 같은 지원 서류에서는 경체('~입니다', '~합니다' 체)와 상체('~이다', '~한다' 체) 중 어느 것을 사용해도 괜찮습니다. 다만, 둘 중 하나로 통일해서 작성해야 합니다.

> **X** 一人の人間が持てる知識や技能には限界がある。すべての分野において深い見識を持つことは不可能です。
> **O** 一人の人間が持てる知識や技能には限界があります。すべての分野において深い見識を持つことは不可能です。
> **O** 一人の人間が持てる知識や技能には限界がある。すべての分野において深い見識を持つことは不可能だ。

■ 회화체 표현 및 약어 사용

「ちゃんと」나「僕」같은 회화체 표현은「きちんと」나「私」로 고쳐 작성합니다. 또한, 「見れる」「食べれる」와 같은 ら抜き言葉(ら抜き 표현)은 피해야 합니다.

> **X** そんな、こんな
> **O** そのような、このような
>
> **X** ～じゃない　　　**X** 携帯
> **O** ～ではない　　　**O** 携帯電話
>
> **X** 自分はこう思う。　　**X** 色んな　　**X** 部活
> **O** 私はこう思う。　　　**O** 色々な　　**O** 部活動

■ 표현 기법

체언으로 문장을 끝맺는 표현(体言止め), 도치법(倒置法), 생략 등의 표현 기법은 해석을 독자에게 맡기게 되어 혼란을 초래할 수 있으므로 피해야 합니다. 또한, 의미 없는 가타카나 표기의 사용도 삼가야 합니다.

> **X** 皆で考えるべきだ、環境保全の方法を。
> **O** 環境保全の方法を、皆で考えるべきだ。
>
> **X** 他者を思いやることがイチバンである。
> **O** 他者を思いやることが一番である。

지망이유서 합격을 위한 로드맵

자신의 인생을 자신의 힘으로 설계하세요. '하고 싶은 것'과 '해야 할 것'을 분명히 하여, 대학에서 배우는 의의를 찾아봅시다.

자신의 '길'을 만드는 '성공적인' 커리어 형성

K(연구) — 대학에서 다루고 싶은 연구 과제를 찾기 (P. 25, 28~30, 153)

당신은 어떤 것에 흥미와 관심을 가지고 있습니까? 또한, 흥미 있는 분야나 숨겨진 과제에 대해 어떤 연구를 하고 싶습니까? 대학에서 다루고 싶은 연구 과제를 찾아, 살아가야 할 '길'을 설계해 봅시다.

▼

D(동기) — 연구 과제 수행의 중요성을 설명하기 (P. 26, 31~33, 154)

왜 그 연구 과제에 도전할 필요가 있을까요? 당신이 다루고자 하는 연구 과제의 중요성을 서술하고, 지망 학부·학과에서의 배움에 대한 강한 의지를 어필하세요.

▼

S(선택) — 지망 학교로 진학할 필요성을 서술하기 (P. 27, 34~36, 155)

수많은 대학 중에서 왜 그 지망 학교를 선택했습니까? 지망 학교가 당신이 하고자 하는 연구를 실현할 기준을 충족한다는 점을 확인하고, 연구를 수행할 '곳'을 얻기 위해 지망 학교로의 진학이 필요하다는 것을 설명하세요.

▼

자신의 '뜻'을 표현하는 대학 교원 설득하기

단락 구성

KDS 법칙에 따라 우선 단락 구성을 생각합니다. 일반적인 지망이유서라면 K(연구), D(동기), S(선택)을 순서대로 서술합니다. 대학에 따라 '지망 학부·학과의 선택 이유'와 '지망 학교의 선택 이유'를 별도로 기재하노록 시시하는 경우도 있습니다.

표현과 표기에 주의하면서 지망이유서를 작성

지망이유서를 작성한 뒤에는 제3자에게 검토를 받거나, 첨삭 지도를 받아 평가를 받아 보세요.

PART 1

지망이유서 편

지망이유서란, 왜 그 대학과 학부를 선택했는지를 설명하는 글입니다.

대학은 세상에서 아직 밝혀지지 않은 문제를 연구하여 해명하는 연구기관입니다. 또한, 대부분의 대학 교원은 연구자이며, 연구 성과를 바탕으로 후학을 양성하는 역할도 맡고 있습니다.

연구자이자 교육자인 대학 교원은 자신이 직접 지도하고 싶으며, 스스로 연구 활동을 수행할 수 있을 것 같은 수험생을 입학시키고 싶어 합니다.

따라서 지망이유서에는 "나는 이런 연구를 하고 싶다. 그래서 이 대학과 학부를 지원했다"는 내용을 쓰면 됩니다. 자신이 간절히 느끼고 있는 연구 주제를 가지고 있으며, 그 해명을 위해 지망 학교에서 배우는 것이 적합하다는 점을 보여야 합니다.

칸자키식 지망이유서 작성법은 "공격적인" 자세로 적극적으로 대학에서 배우고 싶은 것을 결정하며, 스스로의 힘으로 커리어(인생)를 쌓아 가려는 의지를 어필하는 것이 특징입니다. 이를 법칙으로 정리한 것이 **KDS의 규칙**입니다. KDS는 다음 세 가지의 머리글자를 따서 만든 것입니다.

· **Kenkyu** (연구: 대학에서 하고 싶은 연구)
· **Douki** (동기: 연구를 목표로 하는 이유)
· **Sentaku** (선택: 대학을 선택한 이유)

꼭 짚어야 할 3가지 포인트

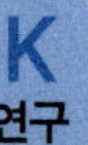

K 연구

D 동기

S 선택

K(연구)

【무엇을 연구하고 싶은가를 확실하게 정하기】

대학이 연구기관인 이상, 입학 후 무엇을 깊이 탐구하거나 해명하고 싶은지에 대한 방향을 미리 정해 두어야 합니다. "대학에서 이 연구를 하고, 그 성과를 직업에 활용하고 싶다"와 같이 대학에서의 연구에 대해 언급하며, 다른 수험생보다 더 높은 의식을 가지고 있음을 표현하세요. 학문에 대한 진지한 태도는 자연스럽게 전달되므로, 무엇을 연구하고 싶은지 명확히 전달하는 데 집중해야 합니다.

이렇게 해야만 대학 교원이 "이 배움과 연구가 우리 대학에서 가능한가?"라는 시각으로 여러분의 지망이유서를 읽어 줄 것입니다. 대학 교원에게 부정적인 인상을 주는 것을 방지하고, 기대감을 심어 줄 수 있는 글을 작성하기 위해서는, 연구 과제를 확실히 정하는 것이 중요합니다.

【대학의 존재 의의를 인식하며 논의하기】

대학에서 연구를 하는 것은 무엇을 위해서일까요? 그것은 기업이나 사회의 요청에 부응하기 위해서입니다. 아직 해명되지 않은 사안을 밝혀 내고, 이를 사회나 전문적 연구에 활용하기 위해 연구자가 존재하는 것입니다. 따라서 목적을 서술할 때에는 "이 연구는 이와 같이 사회(타인)에게 유익하기 때문이다"라는 사회적·공공적 관점을 바탕으로 서술하는 것이 좋습니다.

- 대학의 본질은 어디까지나 연구기관이며, 단순히 직업 훈련의 장소가 아닙니다.
- "이런 연구를 하고 싶기 때문입니다"라고 서술하면, 지망하는 대학으로 진학하는 목적이 명확하게 전달됩니다.

０(동기)

【체험을 정리하기】

당신은 왜 그 연구에 도전하고자 결심했나요? 당신이 시도하려는 연구를 목표로 삼게 된 동기를 서술하고, 지망 학부·학과에서의 학업에 대한 강한 의지를 어필하세요.
우선, 자신의 경험을 되돌아보세요. 예를 들어, 학교에서의 배움이나 사건, 동아리 활동이나 봉사활동에서의 경험, 오픈캠퍼스나 대학의 모의 강의 등 연구 주제와 관련된 자신의 경험을 정리합니다. 그리고 그 경험을 통해 어떻게 생각이 발전해 연구 과제에 이르게 되었는지, 그 과정을 설명할 수 있도록 준비하세요.

【연구의 중요성을 서술하기】

당신이 대학에서 하고 싶은 연구 주제를 제시할 때, "내 연구는 지망 학부·학과에서 반드시 다뤄야 할 과제다(연구의 중요성)"라는 점을 확실히 설명해야 합니다. 여기서 당신이 진정으로 대학에 진학하고 싶은지, 연구에 대한 '열의'가 있는지가 드러나게 됩니다.
이 설명을 소홀히 하면 겉으로만 그럴듯해 보이는, 독창성 없고 누구나 쓸 수 있는 지망이유서가 되고 맙니다. 자신이 설정한 연구에 자신감을 가지고, 진지하게 지망 학부·학과를 선택한 이유를 설명하세요.

- "대학에서 연구하고 싶다"는 당신의 열의를 전달하세요.
- 경험을 정리하고, 연구를 결심한 동기를 확실히 설명하세요.
- 당신이 연구하고자 하는 주제가 중요한 것임을 설득력 있게 표현하세요.

일본대학, 지망이유서로 결정된다

S(선택)

【대학의 선택기준을 만들기】

대학에서 하고 싶은 연구가 명확해지면, 대학에서 배워야 할 내용도 분명해집니다. 이러한 내용을 지망이유서에 포함시켜 보세요. "내가 연구를 실현하기 위해서는 이런 학습과 환경이 필요하다"고 서술함으로써, 입학 후의 비전을 명확히 가지고 있는 수험생임을 어필할 수 있습니다. 이러한 정리는 자신이 대학을 선택하는 기준을 체계적으로 정리하는 것과 같습니다. 이런 작은 노력이 지망 이유를 더욱 빛나게 만들어 줄 것입니다.

【지망 학교를 선택한 이유를 서술하기】

대학은 본래 '배움'을 기준으로 선택해야 하는 곳입니다. 따라서 "배우고 싶은 것은 ○○대학에서 모두 이룰 수 있다"고 명확히 서술하며, 이를 대학에 대한 지망 이유로 삼으세요. 이때 "○○대학에서는 제가 배우고 싶은 것을 배울 수 있고, 연구 환경도 잘 갖추어져 있기 때문에 지원했다"와 같은 표현을 사용하면 더욱 효과적입니다. 이렇게 하면 다른 대학이 아닌 지망 학교를 선택한 확고한 이유를 전달할 수 있습니다.
스스로 대학에서 무엇을 배워야 하는지 깊이 고민하면, 대학 진학의 의의가 명확해질 것입니다. 대학을 '배움을 받는 곳'이라는 수동적인 관점으로 보지 말고, '배우고 싶은 것을 스스로 찾아 배우는 곳'이라는 적극적인 자세로 생각하세요. 이것이 칸자키식 지망이유서 작성법입니다.

- 연구에 필요한 학습과 환경을 정리하고, 대학선택 기준을 확립힙시다.
- 배우고 싶은 것을 스스로 찾아내는 자세를 가지는 것이 성공의 열쇠입니다.

K(대학에서 하고 싶은 연구)를 명확히 하기

Point	① 대학에서 연구하고 싶은 것을 확실하게 전달하자. ② '하고 싶은 직업'을 중심으로 이야기하지 않도록 하자.

▶ '연구하고 싶은 것'을 구체적으로 서술하기

우선 "□□를 배우고 싶다"에 그치지 말고, K(연구)까지 구체적으로 언급하세요. 이는 대학이 세상에서 아직 해명되지 않은 것을 밝혀내는(=연구하는) 장소이기 때문입니다. 오른쪽 페이지의 [Before]①②처럼 단순히 연구하고 싶은 것을 모호하게 제시하는 것만으로는 충분하지 않습니다. 학부·학과에서 배운 끝에 어떤 문제를 해명하고 싶은지를 명확히 서술하세요.

이를 위해 대학의 홈페이지나 팸플릿에 나와 있는 커리큘럼, 교수진이 전문으로 하고 있는 분야를 확인하여, 어떤 연구를 하고 싶은지를 구체적으로 결정하세요. 이렇게 함으로써 당신의 배움에 대한 진지한 태도가 자연스럽게 대학 교원에게 전달될 것입니다.

▶ 목적 의식을 분명히 하기

연구하고 싶은 것을 제시하려면, 목적을 가지고 해당 분야를 지망하고 있다는 점을 어필하세요. 목적이 드러나지 않으면 [Before]①②처럼 단순히 자신의 흥미만으로 선택한 것처럼 보일 수 있습니다.

[After]①②처럼 그 연구가 사회와 타인에게 어떻게 도움이 되는지를 명확

히 하여 글에 담아 보세요. 목적 의식이 뚜렷한 지망이유서는 대학 교원의 공감을 얻기 쉽습니다.

▶ "이 직업을 갖고 싶기 때문에"만으로는 부족

[Before]③처럼 "초등학교 교사가 되고 싶어서 교육학부에 진학하고 싶다"거나, "변호사가 되고 싶어서 법학부에 진학하고 싶다", "공인회계사가 되고 싶어서 상학부에 진학하고 싶다"와 같이 직업과 밀접하게 관련된 학부를 선택하는 경우, 장래의 직업 이야기에만 집중하지 않도록 주의해야 합니다. [After]③처럼 대학에서의 연구에 대해서도 언급하는 것이 좋습니다. "대학에서 이러한 연구를 하고, 그 성과를 직업에 활용하고 싶다"라고 서술하세요. 대학은 어디까지나 연구기관이며, 단순히 직업 훈련을 위한 장소가 아니기 때문입니다. 이렇게 하면 대학으로 진학하는 목적이 명확히 전달되고, 다른 수험생보다 학문에 대한 의식 수준이 높다는 점을 표현할 수 있습니다.

'연구하고 싶은 것'을 구체적으로 서술하자.

<table>
<tr>
<td rowspan="2">예
①</td>
<td>

[Before]

文学について学びたい。

→ "○○학"과 같이 학부·학과명이나 학문의 이름만을 제시하는 것은 충분하지 않습니다. '문학'이라고 해도 그 범위는 매우 넓습니다. 소설을 다룰 것인지, 시 또는 일본 전통 노래를 다룰 것인지, 또는 어느 시대의 작품을 다룰 것인지에 따라 다릅니다. 단순히 '문학'이라고만 하면 구체적인 의도가 전달되지 않습니다.

[After]

子どもの健全な成長に役立つ絵本をつくるために、児童文学作品について研究したい。

</td>
</tr>
</table>

<table>
<tr>
<td rowspan="2">예·
②</td>
<td>

[Before]

法律関係のことを研究したい。

→ "○○관계"라고만 제시하면, 무엇을 배우고 싶은지 알 수 없습니다. "법률 관계 연구"라고 표현해도, 그것을 공법·사법의 관점에서 접근하려는 것인지, 판례를 통해 연구하려는 것인지, 혹은 법철학과 같은 분야에서 연구하고자 하는 것인지가 명확히 전달되지 않습니다.

[After]

人権を尊重する法を立案する力を身につけるため、日本国憲法の基本的人権について研究したい。

</td>
</tr>
</table>

<table>
<tr>
<td rowspan="2">예
③</td>
<td>

[Before]

小学校教員になりたい。

→ "○○라는 직업을 갖고 싶다"고 서술해도, 이는 직업에 대한 희망일 뿐, 대학에서 무엇을 배우고 싶은지는 독자에게 전달되지 않습니다. 이렇게 작성하면 대학 측의 질문(대학·학부 선택 이유)에 대한 답변이 되지 않습니다.

[After]

子どもによりよい教育の機会を提供するために、子どもたちとのコミュニケーションのあり方について研究し、その成果を小学校教員として活かしていきたい。

</td>
</tr>
</table>

D(연구를 목표로 한 동기)를 제시하기

Point	①「문제발견 · 원인분석 · 문제해결」 3스텝을 의식하자. ②「자신」을 위해서가 아닌 「사회」를 위한 연구의 뜻을 가지자.

▶ 경험 정리하기

경험을 제시한 후, 그 결론으로 "이 공부가 재미있어 보여서" 혹은 "이 분야에 흥미가 있어서"라는 말로 끝내는 사람이 많습니다. 하지만 진정으로 해당 분야에 관심을 가진 뛰어난 사람은 그것으로 사고를 멈추지 않습니다. '재미있어 보인다', '흥미가 있다'라는 상태에서 벗어나기 위해서는 "깊이 파고드는 것"이 중요합니다.

먼저, 동기가 된 경험을 되돌아보며 "해결해야 할 문제가 없는가", "당시의 과제는 무엇이었는가"와 같은 질문을 통해 문제나 과제를 발견합니다(**문제발견**). 다음으로, 그 문제들이 발생한 원인이 무엇인지(**원인 분석**)를 깊이 탐구합니다. 마지막으로, 대학에서의 연구를 통해 문제를 어떻게 해결할 수 있을지(**문제 해결**)를 설명합니다.

이 세 가지 과정을 거치는 것이 당신을 빛나게 하는 핵심 포인트입니다. "자신의 경험에서 문제와 과제를 찾아내고, 이를 해결하기 위해 적극적으로 대학에서 배우고자 한다"는 점을 보여 주도록 노력하세요.

▶ 연구의 중요성을 전달하기

당신들의 선배가 작성한 지망이유서를 살펴보면, 자기실현의 중요성만 부각된 경우가 많은 것처럼 느껴집니다. 그러나 자기실현은 사회에 기여한 활동의 성과로써 얻어지는 것입니다. 대학은 "자신을 위해 연구하고 싶다"는 수험생보다 "사회를 위해 연구하고 싶다"는 뜻을 가진 수험생을 더 응원하고 싶어 합니다.

자기중심적인 동기가 아닌, 사회를 더 나은 방향으로 변화시키고자 하는 뜻을 가져야 합니다. 이를 위해 당신의 연구 가능성을 어필하세요. 연구 성과가 세상 사람들에게 환원될 때, 그것이 사회에 어떻게 기여할 수 있는지를 정리하세요. 그리고 "○○와 같은 문제를 해결하기 위해 나는 연구 주제를 정했다. △△처럼 사회에 유익한 연구를 하고 싶기에 이 학부·학과를 지망했다"는 이야기를 서술하세요.

'연구를 지향하는 동기'를 구체적으로 서술하자.

예

[Before]

　私はダンス部に所属しているが、演技をビデオカメラで撮影する時に限って失敗していた。「ミスをしないように」「周りに合わせる」といったことを気にしすぎ、思うように演技ができなかった。私のダンスをもっとよくするためには、腕を磨くことが必要だと思った。だから、心理と身体表現の研究が欠かせないと思った。

→ 연구를 목표로 한 동기와 그 과정을 설명하며 연구의 중요성까지 서술하고 있습니다. 그러나 "자신의 기술 향상을 위해 심리와 신체 표현을 연구하고 싶다"는 취지로, 동기가 다소 자기중심적이라는 점이 우려됩니다. 또한, 왜 주변을 의식하면 연기를 잘할 수 없는지에 대해 깊이 있게 탐구하지 못하고 있습니다.

[After]

　私はダンス部に所属しているが、映像における舞踊のあり方を深く研究する必要があると考えている。ダンスは観客に直接感動を与えるものだが、映像化した途端にその場の緊張感や臨場感が伝わりにくくなる。それは、映像化に伴って心の内面を追究し表現していく力がより必要なのに、技術面を向上させていくことに精一杯になりがちだからだ。

　その解決のためには、心理学と身体表現論を通した学びが必要だ。心の奥にある喜怒哀楽の根拠や根源を見出すとともに、心の内面まで表現するための技法を実践的に学ぶことができれば、人の深層にある身体表現の可能性を引き出すことができると考えている。

S(대학을 선택한 이유)를 전달하기

Point	① 대학을 선택하는 기준을 만드는 포인트는 '학문 영역·전문성·연구 환경'의 세 가지이다. ② 그 기준을 충족하는 것을 지망 학교 선택의 이유로 삼고, 마지막으로 포부를 서술하자.

▶ 대학선택의 기준 세우기

우선, 당신이 연구를 진행하기 위해 필요한 지식이 무엇인지 명확히 하고, 어떤 학문을 익혀야 하는지 정리하는 것부터 시작합니다(**익혀야 할 학문 영역**). 그리고 그 중에서도 특히 어떤 전문성을 갖출 필요가 있는지 생각해 보세요(**전문성**). 물론, 연구 과제를 달성하기 위해 필요한 연구 시설과 지도를 받을 교수님의 존재도 필수적입니다(**연구 환경**).

참고로, 대학에서는 일반적으로 기초적인 내용을 배우는 강의는 저학년에, 응용적인 내용을 다루는 강의·연습·연구는 고학년에 설정되어 있습니다.

▶ 지망 학교 선택한 이유 전달하기

대학의 커리큘럼 등을 참고하여, 당신이 원하는 학문이 지망 학교에서 배울 수 있는지 확인하세요(학문과 지망 학교의 적합성). 또한, 연구 환경이 잘 갖추어져 있는지도 확인하며(연구 환경과 지망 학교의 적합성), 지망 학교에 진학하면 원하는 학문 연구를 수행할 수 있다는 점을 적극적으로 서술하세요.

당신이 원하는 '배움'과 지망 학교에서의 '배움'이 일치한다는 것을 확실히 설명하며, "○○대학에 진학해야만 하는 이유"(지망 학교로의 진학 필요성)를 대학 측에 설득력 있게 전달하세요.

그리고, 장래에 연구 성과를 어떻게 활용할 것인지와 학문에 대한 당신의 적극적인 자세를 어필하며 글을 마무리하세요(포부). '배움'에 정면으로 마주하는 수험생이 된 당신이라면, 대학 측도 기꺼이 문을 열어 줄 것입니다.

‘지망 학교를 선택한 이유’를 구체적으로 서술하자.

<table>
<tr><td>예</td><td>

[Before]

　私は教育現場のいじめ問題に対処するため、基本的な事柄だけではなく、現場で臨機応変に行動、判断できる力を身につけなければならないと思っている。そのために選んだのが○○大学である。たとえば、グループを作ってチームティーチング演習を実施するカリキュラムがある。いじめ問題に向き合わなければならない場面での対応の仕方まで環境が備わっている。また、教育実習にも魅力を感じた。将来は、いじめに関する専門的な知識を身につけ、生徒へのスムーズな対応を行い、教育のスペシャリストとして広く社会に役立ちたい。

→ 우선, 대학을 선택하는 기준이 모호하여 명확히 전달되지 않습니다. 학문 영역을 구체적으로 제시할 필요가 있습니다. 또한, 지망 학교 선택 이유에서 실습과 연습에만 초점이 맞춰져 있으며, 수업이나 연구실에 대한 설명이 없습니다. 실습·연습은 강의나 연구의 성과를 실천하는 장소이므로, 우선해야 할 것은 후자입니다.

[After]

　私は教育現場のいじめ問題に対処するため、教育学だけでなく心理学も学びたい。○○大学ではこれらの基礎的な学習ができるようなカリキュラムがあるだけでなく、教育現場における問題を解決する「教育学研究プログラム」を選択することができるのが魅力的だ。それに加え、△△教授のもとで、教育心理学の視点から子どもがいじめを行う理由や背景、対処法を探っていきたい。いじめ問題は教育の現場で常に起こりうる問題だ。教員が誠実に対応してスムーズな学級運営を行うためには、大学での研究は非常に重要だと考えている。私は貴学において、生徒の心を健全に育むことができる能力を身につけ、将来は教育の現場でその能力を発揮していきたい。

</td></tr>
</table>

일본대학, 지망이유서로 결정된다

Before → After로 배우는 『성공적인』 작성기법

여기까지 지망이유서를 작성하면서, 대학에서 하고 싶은 연구와 그 동기를 대학 선택 이유와 연결하는 것이 중요하다는 것을 배웠습니다(**KDS의 법칙**). 즉, **K**(연구)를 중심으로 이야기를 정리하라는 뜻입니다.

당신이 연구하고 싶은 주제를 정하기 위해서는, 대학 팸플릿을 읽거나 오픈캠퍼스를 방문하거나 서적을 읽는 등의 학문 조사가 필요합니다. 다만, **K**(연구)를 어떤 방식으로 정해야 할지 망설이는 경우도 있을 것입니다.

그럴 때 유용한 것이 바로 이 파트입니다. 선배들이 어떻게 지망이유서를 완성해 갔는지 그 과정을 살펴보며 배울 수 있도록 구성되어 있습니다. 선배들(그리고 칸자키)의 노력과 땀, 고민의 결실인 답변 예시를 참고하여 당신의 도약에 활용해 보세요.

또한, 가능한 많은 수험생에게 도움이 되도록 18개 학부·학과의 지망이유서를 수록했습니다. 각각에 맞는 "칸자키 어드바이스"와 유용한 정보도 함께 실려 있으니, 작성 시 참고해 주세요.

파트 구성

지망이유서 예시

Before → After로 비교할 수 있습니다. 선배들이 어떻게 시점을 바꾸고, 내용을 더 깊이 탐구했는지 주목하며 읽어 보세요.

칸자키 어드바이스

많은 수험생의 지망이유서를 접해 온 저자가 흔히 저지르는 실수를 그 수정 방법과 함께 해설합니다.

테마·체험과 학문과의 관련

D(동기)가 되는 경험이나 사회 문제 등은 K(연구)를 이끌어 내는 참고 자료가 됩니다.

관련직업

"이런 직업을 갖고 싶다"라는 희망이 있다면, 이를 D(동기)로 깊이 탐구함으로써 K(연구)를 발견할 수도 있습니다.

학문소개

대표적인 강의 명칭도 제시되어 있으니, 지망 학교의 커리큘럼이나 대학 교원의 연구 분야와 비교하여 당신의 K(연구)를 구체화하세요.

추천도서의 소개

그 분야의 전문가가 쓴 서적을 읽는 것은 학문에 대한 이해를 더욱 깊게 하고, K(연구)를 더욱 심화하는 데 도움이 됩니다.

단계별 『성공적인』 작성 패턴

당신이 처한 상황에 따라 사용 방법이 달라집니다. 기본적으로 ㉠~㉢의 순서로 작업을 진행하세요.

> **충분히 깊이 생각할 시간이 있는 당신에게는…**
> ㉠ 지망이유서 예시 [After]
> ㉡ 『테마·체험과 학문과의 관련』 『관련직업』
> ㉢ 『학문소개』

먼저 ㉠을 읽고, "이 수준까지 도달하자"라는 목표를 설정하세요. 그 후, ㉡을 바탕으로 **K**(연구)와 **D**(동기)를 정합니다. 이때, 지망이유서 답변 예시 [Before]의 문제점과 "칸자키 어드바이스"를 참고하면 실수를 미리 방지할 수 있습니다. 그리고 ㉢과 지망 학교의 커리큘럼 및 대학 교원의 연구 분야를 비교하며 **S**(선택)를 고민하세요. 그런 다음, 실제로 지망이유서를 작성해 보세요.

> **이미 지망이유서를 완성한 당신에게는…**
> ㉠ 지망이유서 예시 [Before]의 문제점
> ㉡ 『칸자키 어드바이스』
> ㉢ 『추천도서 소개』

지망이유서를 작성한 후에 해 두어야 할 것은 네거티브 체크(결점 찾기)입니다. 면접에서 꼬리 잡혀 낭패를 보지 않도록, 지금부터 미리 대처해 두세요. 우선, ㉠㉡에서 흔히 발생하는 실수를 점검하는 것이 최우선입니다. 그 후, ㉢을 참고하며 **D**(동기)의 내용을 더 깊이 발전시키고, **K**(연구)를 더욱 구체적으로 만들어 나가세요.

> **이미 지망이유서를 완성한 당신에게는…**
> ㉠ 『테마·체험과 학문과의 관련』 『관련직업』
> ㉡ 『학문소개』
> ㉢ 지망이유서 예시 [After]

입시 직전에 작성한 지망이유서에서 흔히 발생하는 실수 중 하나는 **"K(연구)와 S(선택)를 억지로 연결 짓는 것"**입니다. 이런 실수를 피하려면, **K**(연구)를 먼저 정하고 나서 **S**(선택)를 고민하는 기본 원칙을 지켜야 합니다.

우선, ㉠에서 자신의 소재가 될 만한 주제나 경험을 바탕으로 **D**(동기)를 정하고, 관심 있는 학문을 선택하여 **K**(연구)를 결정하세요. 그런 다음, ㉡을 읽고 지망 학교의 커리큘럼이나 대학 교원의 연구 분야를 참고하여 **S**(선택)의 이유로 적합한 강의, 세미나, 연구실을 선택하세요.

마지막으로, ㉢를 템플릿으로 삼아 지망이유서를 완성하세요.

일본대학, 지망이유서로
결정된다

<table>
<tr><td>지망이유서
작성예시①</td><td> # 문 학

[Point]
문학을 통하여, 어떠한 사회공헌을 할 것인지 생각해 보자.</td></tr>
</table>

------------------------------[Before]------------------------------

　私の遊び場は本の中だった。幼い頃、母は私を図書館に連れて行き、絵本を読ませることを習慣にしており、平仮名や漢字を覚える年頃になると、いつのまにか図書館の棚の本をすべて読み終えるほどの本好きになっていた。それが高じ、絵本作家になりたいという目標を持っている。その夢を実現するために○○大学文学部日本文学科で学びたい。

　今までの読書歴を思い起こし、文学を専攻したいと考えた動機を探ってみると、中川李枝子・山脇百合子著の『ぐりとぐら』を読んだ幼稚園の頃の記憶がすぐに思い浮かぶ。ページをめくると、鍋のふたを取った時に顔を出すふんわりとしたカステラが描かれている。これはぐりとぐらが作ったものである。幼い頃、このページを何度も開き、甘い香りを想像し、それを見て幸せに感じていた。しかし、今改めて読むと、文章にもおもしろさが隠れていることに気づく。たまごが大きすぎて運べないから、この場でカステラを作ろうとする2匹の行動に、チャレンジ精神や実行力、柔軟な思考を垣間見る。また、文字数を統一して展開することによって、テンポのよさが生まれ、展開におもしろさを感じる。この文章執筆の背景には、著者の保育士の経験があるそうだ。とにかく子どもが本のことが好きになるように願い、作られたそうである。リズミカルな文章、読み手の気持ちをほぐす配慮、メリハリのあるストーリー展開、これらはすべて子どもたちに向けた気配りであったのだ。私にとって、これらに気づけたのは大きな収穫であった。

　読み手は、過去の私のように登場人物を通して様々な人の目線で物事を考える。閉ざされた環境下にいる自分を解放し、別の世界を垣間見ることを求め、読書を楽しんでいるのである。著者はそれをしっかりと捉え、魅力ある作品を世に送り出している。私は、将来そうした絵本作家になりたいと考えている。そのために私は、○○大学文学部日本文学科に入学したい。

------------------------------문 제 점------------------------------

X 무엇을 연구하고 싶은지 전달되지 않음

K(연구)의 결여

X 왜 대학에 진학하고 싶은지, 동기가 명확히 전달되지 않음

D(동기)의 결여

X 지망 학교를 선택한 이유가 명확하지 않음

S(선택)의 결여

　　　　　　　　　일본대학, 지망이유서로 결정된다

그림책 작가가 되기 위해 왜 대학에 진학해야 하는지가 명확히 전달되지 않습니다.

그림책에 대한 감상은 충분히 전달됩니다. 그러나 정작 중요한 "일본문학과를 지망한 이유"가 전달되지 않은 점이 아쉽습니다.

"일본문학과를 지망한 이유"가 명확하지 않아서, "지망 학교를 선택한 이유"도 이해하기 어렵습니다.

----------------------------개 선 점----------------------------

· 장래 목표와 함께 대학에서 아동 문학을 연구하고 싶다는 의지를 분명히 서술한다.

· 왜 그 연구 과제를 선택했는지에 대해 경험을 바탕으로 동기를 명확히 한다.

· 아동 문학 연구를 위해 어떤 배움의 장이 필요한지 설명한다.

----------------------------[After]----------------------------

　私の遊び場は木の中だった。それが高じ、絵本作家になりたいという目標を持っている。その基礎となる児童文学研究を進め[1]場として、○○大学文学部日本文学科を志望した。そして、将来は自らの児童文学作品を通して、子どもの健全な成長の支えになりたい。

　文学専攻を考えたのは、幼稚園の頃から愛読している中川李枝子・山脇百合子著の『ぐりとぐら』との出会いがあったから[2]である。たまごが大きすぎて運べないから、この場でカステラを作ろうとする2匹の行動に、チャレンジ精神や実行力、柔軟な思考を垣間見る。また、文字数を統一して展開することによって、テンポのよさが生まれる。リズミカルな文章、読み手の気持ちをほぐす配慮、メリハリのあるストーリー展開、これらはすべて子どもたちに向けた気配りであったのだ。読み手は閉ざされた環境下にいる自分を解放し、別の世界を垣間見ることを求め、読書を楽しむ。私は、読み手に文学の奥深さや楽しさを伝えるだけでなく、その時代が求める子ども像を念頭に置き、子どもを健全に育むための作品を世に送り出せる作家として成長したい[2]。

　そのためには、現代の児童文学が描かれた背景や作者の心情、生活を知るとともに、時代に応じた技巧の変化や児童心理を学ぶ必要がある。その実現のため、○○大学文学部日本文学科での学びが不可欠である。文芸コースでは、○○教授が専門としている児童文学のゼミナールで教えを乞えるだけでなく、プロットや表現方法を作品に活かすカリキュラムが体系的に組まれている[3]ことが魅力的だ。また、必修科目にて日本文学に関する基礎事項を学べるだけでなく、他学部履修制度により児童心理学も学ぶことが可能[3]である。これらの環境のもと、子ども、そして大人になっても心に残る絵本を著すための根を育てていきたいと思う。これが、私が○○大学文学部日本文学科を志望した理由である。

1 O 무엇을 연구하고 싶은지 명확함.

K(연구)의 명확함

장래의 목표를 서술하고 있으며, 3번째 단락에서는 구체적으로 어떤 연구를 진행하고 싶은지가 드러납니다. 목적 의식이 명확하다는 평가를 받을 것입니다.

2 O 연구과제를 정한 동기가 명확함.

D(동기)의 명확함

유치원 시절의 경험을 성장한 자신의 입장에서 재분석하고 있습니다. 게다가 연구의 필요성에 대해서도 확실히 서술하고 있습니다.

3 O 지망 학교를 선택한 이유가 명확함.

S(선택)의 명확함

지망 학부뿐만 아니라 타 학부에서의 학습도 필수적이라고 서술한 점에서 시야의 넓이와 사려 깊음이 느껴집니다. 장래에 대한 포부도 언급되어 있어, 높은 진학 의식을 엿볼 수 있습니다.

※유학생의 경우, 왜 일본으로 유학을 선택했는지 자신만의 이야기를 추가하세요.

━ 칸자키 어드바이스 ━

문학 계열의 지망 이유서를 작성할 때 어려운 점은, **D(동기)** 부분에서 "사회 공헌"이라는 결론을 도출하기 어렵다는 점입니다. 그러나 시점을 조금만 바꾸면 이를 잘 표현할 수 있습니다.

하나는, 답변 예시처럼 **문학을 통해 타인을 지원한다는 흐름**으로 작성하는 것입니다. 예를 들어, "자신의 작품으로 아이들을 지원하거나, 쇠퇴하고 있는 문예계를 활성화시키는" 내용을 포함할 수 있습니다. 또는 "국어 교사로서 문학의 즐거움을 전한다"와 같이, 본인이 익힌 전문성을 타인에게 전달하는 흐름으로 작성해도 좋습니다. 본인이 배우려는 것과 타인이 어떻게 연결되는지를 확실히 파악하고 서술하는 것이 중요합니다.

또 다른 방법은 **문학 연구의 발전에 기여한다는 흐름**으로 내용을 구성하는 것입니다. 문학 연구는 단순히 취미정도로 여겨지기 쉽지만, "이 연구를 통해 특정 시대, 작가, 작품의 미스터리를 해명할 수 있다" 등 연구를 진행함으로써 문학이 발전할 수 있음을 기술하면, 자기중심적인 서술을 피할 수 있습니다.

일본대학, 지망이유서로 결정된다

■ 과제로 삼을 만한 주제 · 경험과 학문과의 연관성

우리의 일상 속에서 문학을 접할 기회는 의외로 많습니다. 독서나 글쓰기, 일본어 사용에 대한 의문 등 "언어를 접하는" 경험을 바탕으로 연구 과제를 찾아보세요.

주제 · 경험	대응되는 학문
독서 · 현대문 수업의 소설 · 시 · 단가 강독	일본문학(문학사, 국어학, 작가작품연구 등)
일상생활에서 활용되는 일본어	일본문학(국어학, 언어학 등)
일본어의 변화 · 혼란	일본문학(국어학, 작가작품연구 등)
삭문 · 논문 작성	일본문학(국어학, 언어학 등)
고전 강독 / 고전 수업 한자 강독	일본문학(문학사, 국어학, 작가작품연구 등)
외국문학 독서 · 영어 수업 리딩	외국문학(외국문학강독, 작가작품연구 등)

■ 문학과 관련된 직업

글을 쓰는 직업, 언어를 다루는 직업, 서적과 관련된 직업을 상상할 수 있습니다. 또한, 교사로 활동하거나 연구자로서 문학 연구를 이어가는 길을 선택하는 사람도 있습니다.

작가, 편집자, 기자, 아나운서, 카피라이터, 번역가, 학교 교사, 도서관 사서, 학예사, 일본어 교사, 연구원

■ 학문소개

문학부에서는 주로 문학 작품에 대한 연구를 진행합니다. 또한, 음운·문법·어휘나 민족의 특성·다른 나라의 문학 작품과의 비교도 연구 대상이 됩니다.

학문	내용	대표적인 강의
일본문학	일본 문학 작품이 가진 특성과 세계관, 작가의 사상과 배경을 연구합니다. 또한, 특정 시기·지역의 작품에 공통적으로 나타나는 언어의 특성과 규칙을 이해하는 언어 연구도 일본 문학 연구의 한 분야입니다.	- **일본문학사**: 일본 문학의 역사, 작품의 시대적 배경과 문화와의 관계를 연구 - **국어학**: 언어관련 학문, 문법, 언어의 발생·변화, 방언 등이 연구 대상 - **일본문학 강독**: 작품을 읽고, 등장인물의 감정 등을 고찰
외국문학	외국 문학 작품이 가진 특성과 세계관, 작가의 사상과 배경을 연구합니다. 또한, 특정 시기나 지역의 작품에 공통적으로 나타나는 언어의 특성과 규칙을 이해하는 언어 연구도 외국 문학 연구의 한 분야입니다.	- 외국문학사(외국 문학의 역사, 작품과 시대적 배경 및 문화와의 관계를 연구) - 외국문학 강독(외국 문학 작품을 읽고, 등장인물의 감정 등을 고찰) - 작가 작품 연구(특정 작가나 작품을 다루며, 작품이 만들어진 배경과 작가의 인생관 등을 탐구)

일본대학, 지망이유서로 결정된다

■ 추천도서 소개(* 일본 내에서 판매되는 도서들입니다)

여기에서는 일본어에 관한 서적을 소개하고 있지만, 관심 있는 작가의 문학 작품을 다루어 논하는 것도 좋습니다. 그때, 언어의 사용 방식이나 작품이 탄생한 사회적 배경에 주목하여 분석하고, 작품의 우수성을 탐구해 보세요.

『日本語教のすすめ』鈴木孝夫(新潮新書)

일본어라는 언어가 역사와 지리적 관점에 따라 특징지어져 있다는 것을 소개하며, 일본어의 흥미로운 점을 깨닫게 해주는 한 권입니다. 저자인 스즈키 씨는 언어학자로, 저서로는『日本人はなぜ英語ができないか』,『教養としての言語学』등 다수의 작품이 있으며, 모두 흥미로운 내용으로 가득합니다.

『日本語 表と裏』森本哲郎 (新潮新書)

「よろしく」「虫がいい」「こころ」「まあまあ」「もったいない」「ざっくばらん」등 구체적인 예를 들어, 일상적으로 사용하는 일본어를 고찰한 서적입니다. 저자인 모리모토 씨는 일본의 문명 비평 일인자라 불리며, 2014년에 별세했습니다. 주요 저서로는『ことばへの旅 (상·하)』,『日本·日本語·日本人』등 다수의 저서가 있습니다.

『日本語練習帳』大野晋 (岩波新書)

일본어의 뼈대를 설명하고, 기술을 연마하기 위한 트레이닝을 염두에 둔 서적입니다. 시대와 함께 변화하는 일본어를 긍정적으로 받아들이며, 일본어에 대한 이해를 깊게 하는 데 유용합니다. 저자인 오노 씨는 국어학자로,『日本語の文法を考える』,『日本語の教室』,『日本語の起源』등 다수의 저서가 있습니다.

심리학

[Point]
*기초 심리학 계열과 임상 심리학 계열 중 깊이 연구하고 싶은
분야를 고민해 보자.*

[Before]

　私は臨床心理士として、心に問題を抱えている人の役に立ちたいと考えている。それは、最近のニュースを見ていると、様々な理由から心に問題を抱える人が増えていると思うからだ。たとえば児童虐待をする親は、自身の心を病んでいる。育児に疲れ、子どもにしつけと称して虐待し、ストレスを解消する。このように、心に問題を抱えている人々が他の人の心を蝕んでいるのだ。

　私は以前、学校に通えず、スクールカウンセラーに相談をしたことがある。1年間のカウンセリングの間、カウンセラーの先生には多くのアドバイスをもらった。最初のうちは話ができず、無言で帰ったこともあった。しかし、少しずつ気持ちが落ち着き、話せることを話してみようと思えるようになった。時には雑談に花が咲き、だんだんとカウンセラーの先生のことを信頼できるようになってきた。そして、時間はかかったが、学校へ通えるようになった。

　私のように相談相手がおらず、孤立する人が、現代社会には増えているような気がする。昔と比べて人間関係が希薄だからだ。そうした厳しい環境で人が生きていくには、カウンセリングは必要であるし、社会でも求められていると思う。

　臨床心理士を目指すためには、カウンセリングに必要な知識や経験だけでなく、心理学の基礎的な知識が必要だ。○○大学教育学部臨床心理学科では、基礎的な教育を重視しており、2年次以降は専門的な学びができるカリキュラムとなっている。臨床心理実験室をはじめとした設備が充実しているのも魅力的だ。また、大学院では臨床心理士の資格取得において必要な講義もある。このように学ぶ環境が整っているので、私は貴学を志望した。

　大学に入学したら、心理学についてしっかりと学んだ上で、大学院に進学したい。臨床心理士として活躍し、心に問題を抱えている人の支えになれるように頑張っていきたい。

문 제 점

✗ 무엇을 연구하고 싶은
지 전달되지 않음
K(연구)의 결여

✗ 연구를 결심한 동기가
적절하지 않음
D(동기)의 결여

✗ 대학을 자격 취득의 수
단으로만 여기고 있음
S(선택)의 결여

<table>
<tr>
<td>임상심리사를 목표로 하고 있다는 점은 전달되지만, 대학에서의 연구 과제가 명확하지 않습니다.</td>
<td>상담사의 길을 선택한 이유는 전달되지만, 심리학 연구를 결심한 동기로는 부족합니다.</td>
<td>대학을 임상심리사가 되기 위한 수단으로만 여기고 있으며, 연구기관으로는 인식하지 않고 있습니다.</td>
</tr>
</table>

---개 선 점---

· 대학에서 무엇을 전문적으로 연구하고 싶은지 명확히 하라. 최소한 기초 분야와 응용 분야 중 어떤 것을 목표로 하는지 분명히 해야 한다.
· 심리학 연구를 결심한 동기를 깊이 탐구해야 한다.
· 심리학 연구를 진행할 장소로서 지망 학교를 인식하고 있다는 점을 전달한다.

---[After]---

　学校には、何らかの問題を抱え、学校に通うことができずに苦しんでいる生徒が多くいるといわれている。現在、スクールカウンセラーが学校に派遣されるようになったが、まだ十分ではない。私は、学校心理学を専攻して学校現場のカウンセリングの体制について研究し、心に問題を抱えている生徒の役に立ちたい[1]と考えている。

　私は以前、学校に通えず、スクールカウンセラーに相談をしたことがある。最初のうちはカウンセラーと話ができなかったが、少しずつ思いを伝えられるようになり、登校できるようになった。それは、専門的なカウンセリングが効果を発揮したからだと考えている。傾聴を通して私との間に信頼関係を築いたり、コラージュ療法を用いて心の安定を図ったりしたのは典型例だ。しかし、学校の先生方とカウンセラーの連携には問題があった[2]と考える。なぜならば、私が再登校した時、学校の先生方が対処に戸惑っていることを肌で感じた[2]からだ。

　厳しい環境で心に傷を負った時の心理学的支援は欠かせない。そしてさらに重要なのは、学校現場に関わる人々が、心理学的な根拠をもとにして、再登校する生徒をどのように迎え入れるかということではないか。

　こうした体制を整えるためには、学校心理学をもとにしたシステム作りと共に、カウンセラーと学校の先生が心理学的知見を共有することが必要だ。○○大学教育学部臨床心理学科は、基礎心理学の領域を万遍なく学べるカリキュラムを備えるとともに、その集大成として心理学実験演習で実証的な方法論を習得できる。[3]そして、心理学を教育現場で活かす研究体制も充実し

[1] O 무엇을 연구하고 싶은지 명확함

K(연구)의 명확함

학교 현장에서의 상담 체계를 정비하기 위해 학교 심리학(응용 심리학 계열)을 전공하고 싶다고 주장하고 있습니다.

[2] O 연구과제를 정한 동기가 명확함

D(동기)의 명확함

자신의 경험을 바탕으로 학교 현장의 상담 체계를 연구하려는 동기를 명확히 서술하고 있습니다.

[3] O 지망 학교를 선택한 이유가 명확함

S(선택)의 명확함

임상심리학계 연구에 강점을 가진 대학이기 때문에 지망했다는 점을 명확히 서술하고 있습니다.

※유학생의 경우, 왜 일본으로 유학을 선택했는지 자신만의 이야기를 추가하세요.

━━━ 칸자키 어드바이스 ━━━

심리학 계열 학부·학과의 지망이유서에서 자주 보이는 유형은 다음 두 가지입니다.

첫 번째는 "친구의 감정을 이해할 수 없어서, 마음속을 탐구하고 싶다" 등의 이유로 사람의 감정을 알고 싶다는 동기를 서술하는 경우입니다. 하지만, 이는 심리에 관심을 가지게 된 최초의 계기를 서술한 것에 불과하며, 심리 "학"이라고 부를 수준에는 이르지 못합니다.

두 번째는 "임상심리사가 되기 위한 공부를 하고 싶다"와 같이 장래 직업을 언급하는 경우입니다. 동기로는 "임상심리사나 스쿨 카운슬러에게 도움을 받았기 때문"이라는 내용을 많이 들 수 있습니다. 그러나 이러한 서술은 바람직하지 않습니다. 대학은 연구기관이므로, 자격 취득은 그 연구의 성과여야 합니다.

보다 학문적인 방향으로 글을 전개하는 것이 중요합니다. 경험을 되돌아보며, 그 인과관계를 해명하거나 심리적 문제를 해결하기 위해 심리학의 어떤 분야에서 연구를 진행해야 하는지 고민해 보아야 합니다.

또한, 심리학 계열 학부·학과에는 문학부 계열과 교육학부 계열이 있습니다.

- 문학부 계열은 기초 심리학에 강점이 있으며, 실험 시설이 잘 갖추어져 있는 경우가 많습니다.
- 교육학부 계열은 임상심리학에 중점을 두고 있으며, 임상심리사 지정 대학원을 운영하는 경우가 많습니다.

■ **과제로 삼을 만한 주제·경험과 학문과의 연관성**

우리는 사람들과 교류하며 살아가는 이상, 자신과 타인의 심리에 대해 어떤 깨달음을 얻을 기회가 많습니다. 이러한 경험을 바탕으로, 어떤 분야의 연구를 진행하고 싶은지 고민해 보세요.

주제·경험	대응되는 학문
현대 사회 수업에서 청년기의 심리에 대해 학습한 경험	**기초 심리학**(실험 심리학, 발달 심리학, 인지 심리학, 행동 분석 등)
임상심리사나 스쿨 카운슬러와 접촉한 경험	**응용 심리학**(임상 심리학, 학교 심리학, 인간성 심리학 등)
학교에서 겪은 고민(왕따, 폭력, 등교 거부, 은둔형 외톨이, 비행 등)	**응용 심리학**(교육 심리학, 임상 심리학, 학교 심리학 등)
심리와 관련된 사회 문제(환경 문제, 고령화 사회, 고도 정보화 사회 등)	**기초 심리학**(사회 심리학) **응용 심리학**(환경 심리학, 건강 심리학, 가족 심리학, 경제 심리학, 범죄 심리학 등)

■ **심리학과 관련된 직업**

사람의 마음을 지원하는 직업이나 심리를 읽는 능력을 활용하는 직업을 떠올릴 수 있습니다. 또한, 연구자의 길을 선택하는 사람도 있습니다. 임상심리사가 되려면 대학 졸업 후 지정 대학원을 수료하고, 임상심리사 자격 심사를 통과해야 합니다.

임싱심리시, 스쿨 카운슬러, 과학경찰연구소 연구원, 가정법원 조사관, 법무 기술관, 심리판정원, 병원 심리직, 리서치 관련 기업, 마케팅 직종, 인사·노무, 학교 교사, 연구원

■ 학문소개

심리학 계열의 학부·학과에서의 연구는 주로 **기초 심리학 계열**(과학적으로 심리의 법칙을 탐구)과 **응용 심리학 계열**(기초 심리학을 바탕으로 생활 속 문제를 해결)로 나눌 수 있습니다.

학문	내용	대표적인 강의
기초 심리학	사람의 심리에 관한 법칙을 도출하기 위해 심리의 진리를 탐구하는 심리학으로, 응용 심리학의 기초가 된다. 실험을 중심으로 연구가 진행되며, 실용성을 중시하는 응용 심리학과 대조를 이룬다.	- **사회 심리학**: 사회에서의 인간 행동에 관한 심리적 법칙을 도출 - **인지 심리학**: 보는 것, 듣는 것 등 인지 활동에 관한 심리적 법칙을 도출 - **발달 심리학**: 인간이 성장하면서 겪는 심리적 변화를 연구 - **학습 심리학**: 경험을 통해 행동이 변화하는 과정을 연구
응용 심리학	기초 심리학에서 얻은 결과를 바탕으로 실제 문제 해결에 활용하는 것을 목적으로 하는 심리학. 사람들의 심리와 행동을 건강하게 만드는 것을 목표로 하는 학문 영역이다. 대표적인 강의로는 건강 심리학, 교육 심리학, 가족 심리학, 경제 심리학, 산업 심리학 등이 있으며, 다양한 분야로 확장된다.	- **임상 심리학**: 심리학을 응용하여 정신 질환의 지원과 예방을 수행 - **학교 심리학**: 심리학을 응용하여 학교 현장의 문제를 해결 - **범죄 심리학**: 심리학을 응용하여 범죄 발생 원인을 탐구 - **커뮤니티 심리학**: 심리학을 응용하여 사회 전체를 지원

■ 추천도서 소개(* 일본 내에서 판매되는 도서들입니다)

서점에서 심리학 관련 서적을 찾으면 자기계발서가 많아, 학문적으로 심리학을 이해하기에는 부족한 경우가 많습니다. 전공하려는 분야의 이름이 붙은 기초적인 대학 교과서(예:『기초 심리학』,『임상 심리학』등)를 읽으면 해당 학문의 개요를 파악할 수 있습니다.

『視覚世界の謎に迫る一脳と視覚の実験心理学』山口真美(講談社ブルーバックス)

시각을 예로 들어, 지각이 어떻게 발달하는지를 실험 심리학을 통해 해석한 한 권이다. 실험을 바탕으로 한 연구를 제시하며, 시각이 어떻게 형성되는지를 설명하고 있다. 야마구치 씨는 심리학자로, 주로 영아 심리학을 연구하고 있으며,『赤ちゃんは世界をどう見ているのか』등 실험 심리학에 기반한 저서를 다수 집필했다.

『サブリミナル・インパクト一情動と潜在認知の現代』下條信輔(ちくま新書)

의식되지 않는 정서적 영역에 대한 개입이 기업이나 정치에서도 활용되고 있다. 우리가 타인에 의해 쉽게 영향을 받을 수 있음을 과학적으로 증명하고 있다는 점이 흥미롭다. 시모조 씨는 인지 심리학자이자 인지 신경 과학자로,『サブリミナル・マインド』,『〈意識〉とは何だろうか』등 다수의 저서를 집필했다.

『フシギなくらい見えてくる! 本当にわかる心理学』植木理恵 (日本実業出版社)

심리학을 기초부터 실천적인 지식까지 해설한 한 권이다. 응용 심리학에 중점을 두고, 광고나 마케팅과 같은 심리학의 응용 사례를 소개하고 있다는 점이 흥미롭다. 우에키 씨는 심리학자이자 임상심리사로,『ウツになりたいという病』등 대중적인 심리학 서적을 다수 집필했다.

외국어학 · 국제학

[Point]
단순히 "어학을 습득하고 싶다"에서 끝내지 않도록 하자.

--[Before]--

　現代ではグローバル化が叫ばれ、ビジネスの現場でも英語を用いて対話することが求められる。私は英語を用いたコミュニケーションの方法を学び、能力を高めていきたい。

　私の通う高校では、ニュージーランドでの語学研修が行われる。研修の期間中、現地の語学学校に通い、英語を使って話をする。学校には様々な国の人がいるが、共通するのは英語である。だから、会話は英語で行う。英語は様々な国の人に使われているから、必然的に多くの国の人とコミュニケーションを取ることになる。英語を母国語とする人、そうではない人とコミュニケーションを取ることで、相手の価値観や文化を理解することがいかに重要かわかるようになった。これが、外国語を用いたコミュニケーションに興味を持ったきっかけである。

　自分の価値観を理解してもらえなかったり、反対に理解できなかったりしたこともあった。しかし、それこそが異文化コミュニケーションであろう。コミュニケーションの方法を身につけることで、互いの価値観が理解できる。こうした対話能力は、ビジネスの場面はもちろん、紛争や対立を防ぎ、共生社会を築く時に役立つのではないかと考えた。

　私は、コミュニケーション能力を高め、より多くの人と対話していきたい。英語の対話能力を高めることは、私にとって最も大切にしたいことである。その学びができるのは、○○大学外国語学部英語学科である。ここは、英語を習得するためのカリキュラムもあるため、能力を高めることができる。知識だけでなく、コミュニケーションそのものの理解もできる理想的な場なのである。社会に貢献するために、より深い英語の知識と経験を得て、多くの人の支えになりたい。貴学でじっくり学んで、力を蓄えたいと考えている。

-----------------------------------문 제 점-----------------------------------

X "기술의 습득"을 주된 내용으로 다루고 있다.	**X** "문제 발견 · 원인 분석 · 문제 해결"의 스토리가 보이지 않는다.	**X** 지망 학교를 선택한 이유가 명확하지 않다.
K(연구)의 결여	**D(동기)의 결여**	**S(선택)의 결여**

영어 운용 능력 습득을 주된 내용으로 서술하고 있으며, 대학에서 연구하고 싶은 내용이 명확하지 않습니다.

경험 속에서 발견한 문제는 무엇이며, 대학에서의 학습을 바탕으로 어떻게 해결하고 싶은지가 전달되지 않습니다.

영어를 습득하는 커리큘럼은 대부분의 외국어 학부에 존재합니다. 지망 학교를 선택한 적극적인 이유가 보이지 않습니다.

------------------------------개 선 점------------------------------

- 외국어 학부에서는 어학을 습득하는 것이 당연하므로, 어떤 전문 분야의 연구를 하고 싶은지 명확히 해야 한다.
- 경험을 통해 발견한 과제나 문제를 찾아내고, 대학에서의 학습을 통해 이를 어떻게 해결하고 싶은지 서술한다.
- 지망 학교를 선택한 적극적인 이유를 제시한다.

[After]

　現代ではグローバル化が叫ばれ、公用語として英語を用いての対話を求められる場面が増えつつある。そして、その対話には異文化理解が不可欠だと考える。したがって私は、英語圏に進出する人々に役立つ異文化理解プログラムを考え、構築する研究を進めたい[1]と考えている。

　私の通う高校では、ニュージーランドでの語学研修が行われる。私は研修の間、現地の語学学校に通い、英語を使って話をしていた。しかし、異文化理解という視点で振り返ると、必ずしも適切な対話ができていたわけではない。例えば、私たち日本人ははっきりとした意思表示に抵抗感を覚える文化を持つゆえに、明確に断らずに態度で示そうとするが、ニュージーランド人やアメリカ人はそうした曖昧な態度を嫌う傾向にある。彼らにははっきりと断らずに態度で示そうとしていた私の意図は理解してもらえず、私は一方的に強い口調で主張する彼らに戸惑いを覚えた。

　英語による対話は技術だけでは成り立たない。互いの価値観や文化を理解することが不可欠なのである。それが不十分だとカルチャーショックを受け、偏見を抱くことになる。私は、互いに健全な関係を保ちながら英語による対話を行う、異文化理解プログラムを開発する必要がある[2]と考える。これらのことは、ビジネスの場面はもちろん、紛争や対立の防止にも役立つのではないか。

　そのための学びができるのは、○○大学外国語学部英語学科である。ここは英語習得だけでなく、英語圏の国々の地域文化を総合的に学べるカリキュラムを有している[3]。また、異文化理解プログラムを高校教育の現場で実践する△△教授から学べる[3]ことは非常に心強い。異文化理解と語学習得が両立でき、異文化理解プログラムの構築も推進できる貴学は理想的な場なのである。最近は、グローバル化とともに共生社会の必要性が論じられている。共生社会を築く担い手として活躍するために、私はじっくりと貴学で力を蓄えたいと考えている。

[1] O 무엇을 연구하고 싶은지 명확함.

K(연구)의 명확함

이문화 이해 프로그램을 구축하는 연구를 하고 싶다는 점을 명확하게 서술하고 있습니다.

[2] O 체험에 근거한 연구과제의 필요성을 논하고 있음.

D(동기)의 명확함

어학 연수 경험을 바탕으로, 왜 이문화 이해 프로그램이 필요한지를 서술하고 있습니다.

[3] O 지망 학교를 선택한 이유가 명확함

S(선택)의 명확함

이문화 이해에 맞춘 커리큘럼과 연구원의 존재를 근거로 하여, 지망 학교에 진학할 필요성을 논하고 있습니다.

※유학생의 경우, 왜 일본으로 유학을 선택했는지 자신만의 이야기를 추가하세요.

─── 칸자키 어드바이스 ───

외국어학 계열을 지원하는 많은 수험생은 "외국어를 구사하는 기술을 익히고 싶다", "유학을 가고 싶어서 외국어학부에 가고 싶다" 등의 이유를 제시하며, 유학이나 수학여행 경험을 바탕으로 이문화 이해의 필요성을 논하는 데 그치는 경우가 많습니다. 하지만 외국어 습득에만 치우친 서술은 높은 평가를 받기 어렵습니다.

이는 "외국어를 습득하려면 전문학교나 어학원에 가면 된다", "유학은 대학에 가지 않아도 할 수 있다" 등의 반론이 가능하기 때문입니다.

외국어학 및 국제학의 목적은 다른 나라나 지역, 국제 관계, 언어학, 이문화 커뮤니케이션 등 외국 연구를 수행하는 것에 있습니다. 따라서, 외국어학부에서 배우는 실용적인 외국어 능력은 어디까지나 연구를 수행하기 위한 도구로 간주되어야 합니다. 즉, 외국어 습득이나 유학을 목적으로 한 지망이유서는 적절하지 않습니다.

외국어를 습득한 후, 언어학·외국어 교육·사상·경제·외교·역사 등과 같은 전문 분야를 정하고, 구체적인 연구 내용을 명확히 해야 합니다. 또한, 외국어학 계열 학부·학과에서는 입학 시 혹은 입학 후 전공할 지역을 선택해야 하므로, 이에 대해서도 미리 고려하는 것이 좋습니다.

덧붙여, 외국어학(영어학, 프랑스어학, 독일어학 등)은 해당 지역의 전문가 양성을 목표로 하며, 반드시 문학 연구를 수행하는 것은 아닙니다. 한편, 외국어 문학(영미문학, 프랑스문학, 독일문학 등)은 어디까지나 문학 연구를 대상으로 합니다.

■ **과제로 삼을 만한 주제 · 경험과 학문과의 연관성**

외국인이나 외국어와 접촉한 경험을 바탕으로 연구 과제를 찾아보세요. 가능하다면 다양한 경험을 쌓고, 선택한 지역에 대한 관심과 흥미를 더욱 깊이 발전시키는 것이 좋습니다.

주제 · 경험	대응되는 학문
해외여행 · 유학 · 홈스테이 경험 · 외국인과의 대화	외국어학 · 외국연구
외국어(영어 등) 수업에서의 문장 분석	외국어학
세계사 수업	외국연구
해외외 관련된 기업에서의 직업 체험	외국연구
해외 관련 서적 독서	외국어학 · 외국연구

■ **외국어학 · 국제학과 관련된 직업**

외국어 커뮤니케이션 능력을 활용할 수 있는 직업이 고려될 수 있습니다. 외국어 교육을 담당하는 교사가 되거나, 기업에서 외국어 활용 능력을 살리거나, 국제 기구에서 활동하는 경우도 있습니다. 또한, 통역사나 번역가를 목표로 하는 사람도 있습니다.

> 학교 교원, 국제 공무원, 통역사, 번역가, 외국계 기업, 항공 관련 기업, 연구원

■ 학문소개

언어 활용 능력을 향상시키기 위한 연구도 진행됩니다. 그 외에도, 해외 지역 연구 등 다양한 연구 분야를 다루고 있습니다.

학문	내용	대표적인 강의
외국어학	연구 대상이 되는 언어의 규칙과 구조를 분석하는 학문입니다. 음성·음운학(발음과 억양 등 언어의 음성을 연구), 형태론(단어의 형성과 구조를 연구), 통사론(단어가 문장을 구성하는 원리를 연구) 등이 포함됩니다. 많은 외국어학부에서는 다양한 강의를 통해 이러한 내용을 종합적이고 실용적으로 학습할 수 있도록 구성되어 있습니다.	- **외국어 문법**: 문법을 이해하고, 문법 연구에서 사용하는 용어와 개념을 학습 - **외국어 회화**: 문법을 배우고, 회화에서 활용하는 훈련을 진행 - **외국어 독해**: 외국어 문장을 정독하여 독해력을 기름 - **외국어 작문**: 외국어로 문장을 작성하는 능력을 배양
외국연구	각국에 대해 각각의 전문 분야의 시각에서 연구를 진행합니다. 연구 대상이 광범위하기 때문에 언어, 문화, 정치, 경제, 역사, 사상 등 특정 분야를 정하여 강의와 연구가 이루어집니다.	- **외국의 언어학**: 각국의 독특한 언어 규칙을 연구 - **외국의 문화**: 각국의 고유한 문화를 연구 - **외국의 역사**: 각국의 역사를 문화, 정치, 다른 국가와의 관계를 포함하여 연구

■ 추천도서 소개 (* 일본 내에서 판매되는 도서들입니다)

여기에서는 미국, 프랑스, 독일의 문화와 정치 등에 관한 서적을 소개하고 있습니다. 서적을 찾을 때, 본인이 전공하고 싶은 지역의 문화, 정치, 경제 등을 다루는 책을 선택해 보세요.

『超·格差社会アメリカの真実』小林由美 (文春文庫)
미국의 현상을 이해하기 위한 책이다. 정치와 경제의 변천을 분석하며, 미국의 격차 사회 구조를 설명하고 있다. 또한, 미국의 역사, 역사관, 윤리관이 어떻게 형성되었는지도 파악할 수 있다. 고바야시 씨는 경영 전략 컨설턴트이자 애널리스트이다.

『フランス7つの謎』小田中直樹 (文春新書)
프랑스의 역사를 풀어 가며 프랑스의 특성을 해설하는 책이다. 공공장소에서의 스카프 착용 금지, 빈번한 파업, 이중 언어 표기 표지판 등 프랑스만의 특징적인 사례를 들어 설명하고 있다. 오다나카 씨는 프랑스 사회경제사 전문가로, 『歴史学ってなんだ?』 등의 역사학 관련 저서를 다수 집필하였다.

『現代ドイツ─統一後の知的軌跡』三島憲一 (岩波新書)
현대 독일의 정치와 사회에 대해 설명하는 책이다. 특히, 논쟁을 편향된 시각에서 바라보지 않고, 다양한 입징에서 고찰을 더하고 있다. 三島氏는 독일 철학자로, 『ニーチェ以後─思想史の呪縛を越えて』, 『ベンヤミン─破壊·収集·記憶』 등 철학과 관련된 저서를 다수 집필하였다.

<table>
<tr><td>지망이유서
작성예시④</td><td>

교육학

[Point]
단순히 "교원이 되고 싶다"가 아닌, "무엇을 연구하고 싶은지"
를 생각해 보자
</td></tr>
</table>

--[Before]--

　私は、中学校の国語教員を目指しており、将来は教壇に立ちたい。私は国語が好きで、好きな教科を教えることを仕事にしたいと考えたからである。また、中学生は幼く未熟で、心に多くの問題を抱えていると思うので、私がそうした中学生を支えたいと思っている。

　最近のニュースで、中学生が問題を起こすことが報道されている。犯罪に手を染める中学生が大人になって、社会で認められる存在になることは非常に難しい。夜中にコンビニエンスストアの前で中学生らしき集団を目撃することがあるが、こうした中学生をどう健全に導いていくべきかを考えることが、社会の使命だと考える。犯罪に結びつきそうな中学生の問題行動は、未然に防ぐべきだ。また、学校においては、中学生の頃に学習習慣を身につけさせることが、将来の進路を考えるととても重要だと思う。私は中学生の頃に勉強をあまりしなかったが、国語の先生との出会いによって国語が好きになった。特に古文が苦手であったが、時代背景や用語解説など、国語の先生は色々と話してくれた。最初は国語の学習に負担感があったが、今では読むのが楽しくてしかたがない。よい先生との出会いが勉強の意欲を生むのである。私もこういう先生になり、中学生に勉強を促したい。

　そのためには、先生になるための基本的なことを学び、将来に備えていきたい。また、グローバル化や共生社会の重要性が叫ばれている現代において、国語教員も英語ができなければならない。○○大学教育学部では、この両方が学べる。加えて、中学校教諭一種免許が取得できるだけでなく、英語圏の人々の考え方が学べるカリキュラムも備わっている。広い知識と経験が得られる貴学を卒業したあかつきには、中学校の教員として、学んだことを活かしていきたい。国際感覚を持つ国語教員は、これから求められていくであろう。

--문 제 점--

X 대학에서 연구하고 싶은 것이 전달되지 않는다. **K(연구)의 결여**	**X** 연구를 결심한 동기가 전달되지 않는다. **D(동기)의 결여**	**X** 국제 교육에 초점을 맞추지 않았다. **S(선택)의 부적절**

국어 교원을 목표로 하고 있다는 점은 전달되지만, 대학에서의 연구 과제가 명확하게 드러나지 않습니다.

중학교 교사가 되고자 하는 이유와 국어를 중요하게 생각하는 이유는 이해되지만, 교육학 연구를 지망하는 동기는 명확하게 제시되지 않았습니다.

지도 연구의 장으로 적합한 이유가 제시되지 않았습니다. 또한, 영어 습득에 대한 언급이 자연스럽지 않습니다.

----------------------------개 선 점----------------------------

- 국어과 지도(또는 중학생 지도)에서 요구되는 연구가 무엇인지 고민한다.
- 왜 그 연구가 필요한지, 경험을 바탕으로 깊이 있게 고찰한다.
- 해당 연구가 지원하는 대학에서 이루어질 수 있음을 설명한다.

----------------------------[After]----------------------------

　文章を深く理解する力は、これから社会に進出する上で非常に大切だといわれている。私は、生徒がいかに文章を理解する喜びを得られるか、国語教育の方法を大学で研究し、実践していきたい[1]と考えている。

　国語の教え方について考えるきっかけとなったのは、中学校の時の国語の先生との出会いである。「よい先生との出会いが勉強の意欲を生む」といわれるが、それは先生の指導に魅力を感じるからに他ならない。その先生は授業で、様々な教科をまたいだ作品の解説をしてくれた。社会の授業で学んだ源平の戦いが、古典の文章の中で具体的にイメージできた[2]衝撃は今でも忘れられない。だが、こうした授業に出会える機会は少ない。それは、国語の題材が他教科との関連を意識したものではなかったのが一因ではないかと考えている。そもそも、文章の深い理解は、背景への強い関心から生まれるものだ。他教科のカリキュラムや授業内容を理解し、取り扱う教材の順序を考えながら国語の授業を展開する。[2]こうした取り組みは、国語への関心を生むだけでなく他教科への興味を抱かせ、読解力向上の手がかりとなるのではないか。[2]

　そのためには、国語の教授法の研究を行うとともに、複数の教科と連携した教科指導を考える場[3]が必要だ。○○大学教育学部での学びが魅力的なのは、この両方が得られるところである。そして国語科教育の専門家である△△教授をはじめとして、基礎から実践に至るまで、体系的なカリキュラムが組まれている。さらに、□□教授の教育方法のゼミナールは専攻する教科に関係なく、教授法や教育課程についての議論が行われている点も魅力的だ。私の目指す「他教科との関わりを意識した国語教育」を研究する場として、貴学は最もふさわしい[3]と考えている。貴学を卒業したあかつきには、国語教員として文章を理解する喜びを生徒に理解してもらえるよう、精一杯の努力を重ねていきたいと考えている。

[1] O 무엇을 연구하고 싶은지 명확함.	[2] O 연구과제를 정한 동기가 명확함.	[3] O 지망 학교를 선택한 이유가 명확함.
K(연구)의 명확함	**D(동기)의 명확함**	**S(선택)의 명확함**
글에 대한 흥미와 관심을 끌어낼 수 있는 국어 교육 방법을 연구하고 싶다는 의도가 전해집니다.	자신의 국어 수업 경험을 바탕으로 다른 교과와의 연관성의 중요성을 설명하고 있습니다.	국어 교육과 함께 다른 교과와의 연계가 가능한 곳이라는 점을 들어, 지원 대학을 선택한 이유를 설명하고 있습니다.

※유학생의 경우, 왜 일본으로 유학을 선택했는지 자신만의 이야기를 추가하세요.

━━━━━ 칸자키 어드바이스 ━━━━━

교육학 계열의 지원 동기서에서 흔히 발생하는 실수는 연구보다는 직업 선택에 초점을 맞춰 논지를 전개하는 것입니다. 교육학부 지원자 대부분이 교원 지망생이기 때문에 발생하는 문제라고 할 수 있습니다. "교사가 되고 싶다"는 주장과 함께 교사를 목표로 하게 된 동기를 이야기하는 지원 동기서를 자주 볼 수 있습니다. 그러나 이러한 접근 방식은 대학을 교원 양성 기관처럼 여기고, 교육학이 연구되는 학문적 장이라는 인식이 부족하다고 평가될 위험이 있습니다. 또한, 다른 지원자들과의 차별성을 확보하기도 어렵습니다. **교육학 중에서도 어떤 연구를 진행하고, 어떤 전문성을 갖추고 싶은지**를 분명히 밝혀야 합니다.

또한, 지원 동기서에서는 특정 학교급(초등학교, 중학교, 고등학교 등)이나 교과를 선택한 이유도 함께 서술해야 합니다. 하지만 "나는 ○○ 과목을 좋아하기 때문에, 그 매력을 알리고 싶다"거나 "어린이를 좋아하기 때문에 초등학교 교사가 되고 싶다"는 식의 이유를 흔히 제시하는 경우가 많습니다. 하지만 전자의 경우 "자신이 좋아한다고 해서 그 생각을 상대에게 강요하는 것이 아닌가?"라는 반론이, 후자의 경우 "자기중심적인 이유로 교사가 되려는 것인가?"라는 의문이 제기될 수 있습니다.

지원자가 선택한 학교급에서 효과적인 교과 교육을 수행하기 위해 대학에서 무엇을 연구해야 하는지, 또한 그 목적이 무엇인지에 대해 **문제 발견 → 원인 분석 → 문제 해결**의 순서로 차분히 고민해 보는 것이 중요합니다.

일본대학, 지망이유서로 결정된다

■ **과제로 삼을 만한 주제·경험과 학문과의 연관성**

가장 다루기 쉬운 경험은 학교에서의 수업입니다. 보다 전문적인 내용을 담고 싶다면, 대학의 오픈캠퍼스나 모의 강의 체험을 결합하거나, 교육 관련 서적을 읽고 내용을 심화해 보는 것이 좋습니다. 또한, 교육 현장의 문제를 제기하는 것도 좋은 접근법이지만, "왕따 문제를 없애자"와 같은 도덕적 논조로 끝나는 것이 아니라, 교육심리학이나 교육사회학 등 학문적인 관점에서 분석하는 것이 필요합니다.

주제·경험	대응되는 학문
수업의 체험	교육기초학·교과교육학
학교 선생님에 대한 인터뷰	교육기초학·교과교육학
학력 저하·유토리교육·활자 이탈·이과 기피	교육기초학·교과교육학
왕따 문제·등교 거부·비행·학급 붕괴	교육기초학

■ **교육학과 관련된 직업**

학교 교사를 목표로 하는 사람이 많지만, 지역이나 학교 유형·교과에 따라 경쟁률이 높은 경우도 있습니다. 강사직을 비롯한 교육 관련 직업, 교육 기업, 어린이와 접할 기회가 많은 직업을 희망하는 사람이 많은 듯합니다.

학교 교사, 학원 강사, 피아노 강사, 영어 강사, 일본어 교사, 아동 복지사, 사회 교육 주사, 교육 관련 출판사·교재 회사, 법무 교관, 연구원

■ 학문소개

대략적으로 교육의 기초를 이루는 학문 영역과 교과 교육의 영역으로 나눌 수 있습니다.

전자는 교육 철학, 교육 사학 등 교육의 본질과 원리를 학습하며, 후자는 구체적인 교과 내용을 연구 대상으로 합니다.

학문	내용	대표적인 강의
교육 기초학	교육 연구의 기초적인 부분을 대상으로 한다. 교육학, 사회교육학, 교육심리학 등의 시각에서 학교 교육의 본질과 원리에 대해 연구한다.	- **교육 철학**: 교육과 관련된 과제를 철학적으로 분석한다. - **교육 사학**: 교육 형태, 교육 제도, 교육 사상 등 교육의 역사를 연구한다. - **사회 교육학**: 평생 교육 등 사회에서 이루어지는 교육을 연구한다. - **교육 공학**: 공학에서 얻은 기술을 바탕으로 교육 방법을 연구한다.
교과 교육학	학교 교육에서 교과와 관련된 내용을 대상으로 한다. 교과 내용, 교육과정, 교육 방법, 교재 등에 대해 이론적·실천적 연구를 진행한다.	- **국어과 교육학**: 국어과 교육과 관련된 이론, 실천, 역사 등을 다룬다. - **영어과 교육학**: 영어과 교육과 관련된 이론, 실천, 역사 등을 다룬다. - **사회과 교육학**: 사회과 교육과 관련된 이론, 실천, 역사 등을 다룬다. - **수학과 교육학**: 수학과 교육과 관련된 이론, 실천, 역사 등을 다룬다.

■ 추천도서 소개 (* 일본 내에서 판매되는 도서들입니다)

교육학 계열 학부·학과를 목표로 한다면, 교육의 기초에 대해 배울 수 있는 서적을 통독해 두는 것이 바람직합니다. 자신이 경험한 수업을 되돌아보며, 서적의 내용을 비교해 보면 새로운 깨달음을 얻을 수 있을 것입니다.

『教育入門』堀尾輝久 (岩波新書)
근대 이후 학교의 역사를 따라가며 교육에 관한 과제를 고찰한 책이다. 교육의 본질을 파고드는 서적으로, 교육학을 전공하는 사람이 깊이 읽어 볼 만한 한 권이다. 호리오 씨는 교육학·교육사상사 전문가로, 『現代社会と教育』 등의 저서를 다수 집필하였다.

『やさしい教育心理学』鎌原雅彦·竹綱誠一郎 (有斐閣アルマ)
대학의 입문 교재로 자주 활용되는 책이다. 인지·학습·사회심리·발달·임상 등 교육심리학에서 다루는 범위를 포괄적으로 담고 있다. 고등학생도 읽을 수 있을 정도로 이해하기 쉬운 내용으로 구성되어 있다. 가마하라 씨와 다케츠나 씨는 모두 교육심리학 전문가이다.

『教育の方法』佐藤学 (放送大学畫書)
교육 방법론을 전개하는 한 권의 책이다. 세계 교육 동향을 바탕으로, 교사가 실천적 문제를 어떻게 해결해야 하는지를 제시하고 있다. 사토 씨는 교육학자로, 저서로는 『「学び」から逃走する子どもたち』, 『オッリ·ペッカ·ヘイノネンー「学力世界一」がもたらすもの』(공저) 등이 있다.

유아교육학·보육학

[Point]
「유치원 교사(보육사)가 되고 싶다」라는 말로 끝내지 않는다.

--------------------------------[Before]--------------------------------

　私は、子どもたちを大切に預かる幼稚園の先生になりたい。その実現のため、子どもたちに関することや、幼稚園の先生になるために必要な知識を学びたいと考えて、○○大学幼児教育学部幼児教育学科を志望した。

　幼児教育に興味を持ち始めたのは、私が小さい頃に通っていた幼稚園の先生との出会いがあったからだ。私はその先生がとても好きだった。その先生はいつも笑顔で明るく、何事にも一生懸命取り組んでいて、園児に平等に接していた。私は毎日幼稚園に通うことが楽しくなり、お遊戯や工作、外遊びに夢中だった。相撲ごっこをする時も、体が大きな子同士、小さな子同士で組み合わせを考えてくれた。怪我をした時や、うまく用が足せなかった時も、優しく笑顔で対応してくれた。友達と喧嘩をした時、先生が優しい口調でなだめてくれたことも覚えている。登園と退園の時には、必ず握手をして、私の目を見て挨拶してくれた。こうした毎日は、私にとってとても楽しい日々だった。私のことをしっかりと受け止め、わかってくれているという安心感があった。私はそのような先生の姿を見て、「私も将来、先生みたいになりたい」と思った。

　私は子どもを大切にでき、子どもからも保護者からも信頼される幼稚園の先生になりたい。このような幼稚園の先生になるためには、今の私には足りない子どもたちに関する知識を得たり、実体験を通して学んだりする必要がある。そのために私は、子どもたちについての知識を実習や毎日の授業を通して学べ、実習の回数も多く、その実習を通して子どもたちのことを知ることができ、また、就職へのサポートもしてくれる貴学を選んだ。

　貴学に入学できたなら、子どもたちについての知識を学び、子どもたちから好かれ、保護者が安心して子どもを預けられるような幼稚園の先生になりたい。そして、それを目標にして、毎日努力し、頑張っていきたい。

--------------------------------문 제 점--------------------------------

X 대학이 연구의 장이라는 인식이 부족하다.

K(연구)의 부적합

X 연구를 지망한 동기가 제시되지 않았다.

D(동기)의 결여

X 지망학교를 선택한 이유가 모호하다.

S(선택)의 불명확

유치원 교사가 되기 위한 지식 습득의 장소로 대학을 인식하고 있다는 점이 문제입니다.

유치원 시절의 추억과 유치원 교사에 대한 동경에만 집중되어 있으며, 유아교육학을 연구하려는 이유가 명확히 제시되지 않았습니다.

지식이나 실제 경험은 어느 대학에서도 얻을 수 있습니다. 지원한 대학이 반드시 필요한 이유가 명확하게 제시되지 않았습니다.

--개 선 점--

- 유아교육학 분야에서 무엇을 연구하고 싶은지 명확히 한다.
- 유치원 교사가 되고자 하는 동기가 아니라, 유아교육학을 전공하려는 이유를 서술한다.
- 연구를 수행할 장소로서 지원한 대학이 가장 적절한 이유를 설명한다.

--[After]--

　私は、大切な子どもたちを健全に育てる専門家になりたい。そのために、様々な物事に疑問を持ち、自発的に考える力を備えた子どもを育てる方法を大学で研究したい。[1]

　幼児教育に興味を持ち始めたのは、私が小さい頃に通っていた幼稚園の先生との出会いと、高校生の時の保育ボランティア経験による。ボランティアに行った時、最も興味深かったのは、工作の時間のことであった。[2]園児はその工作の時間中、様々な試行錯誤を繰り返していた。大きな画用紙に、折り紙を大きくちぎって貼りつけたかったのに、貼りつけてみてはじめて小さくちぎってしまったことに気づいたり、青色の絵の具の上に黄色を塗ると緑色になったりすることを、作業の中で理解していた。このような気づきを経て、園児は自分のイメージするものを作り上げていく。幼稚園の先生は、それらの気づきを与えるために、そっと声掛けをする。「大きく貼るにはどうすればいいかな」と考えさせたり、「緑色になるのはおもしろいよね」と楽しさを共有したりする。こうした役割に徹し、子どもの創作活動を支援することは、子どもに物事を考えさせ、意欲を高めさせることに役立つ。このような支援のあり方を考えることは、自主性や想像力を養い、子どもを健全に育成するためには不可欠なことだと考える。[2]

　こうした教育法を考え、実践するためには、幼稚園や保育所の事例研究を進める環境が必要だ。その場として、○○大学幼児教育学部幼児教育学科が最もふさわしいと考える。それは、幼児教育の基礎から実践的な指導法まで、段階を追って学習できるカリキュラムがある[3]からだ。また、保育の支援や身体表現を研究課題としている△△教授がおり、効果的な教育法について指導が受けられる[3]ことも、私にとって心強い。

　幼児教育の専門家は、子どもや保護者の支えになるという社会的役割もある。将来はこれらの役割も果たす専門家として活躍できるよう、毎日努力し、頑張っていきたい。

<table>
<tr><td>1 O 무엇을 연구하고 싶은지 명확함.</td><td>2 O 연구과제를 정한 동기가 명확함.</td><td>3 O 지망 학교를 선택한 이유가 명확함.</td></tr>
<tr><td>K(연구)의 명확함</td><td>D(동기)의 명확함</td><td>S(선택)의 명확함</td></tr>
<tr><td>목적 의식을 명확히 하고, 자발성을 기를 수 있는 교육 방법을 연구하고자 하는 의도가 전달됩니다.</td><td>봉사활동 경험을 바탕으로 교육 방법에 대한 관심을 구체적으로 서술하고 있습니다.</td><td>교육 방법을 연구하기 위한 환경이 갖춰져 있음을 설명하고 있습니다.</td></tr>
</table>

※유학생의 경우, 왜 일본으로 유학을 선택했는지 자신만의 이야기를 추가하세요.

칸자키 어드바이스

유아교육학 계열의 지원 동기서에서 흔히 보이는 실수는, 대학에 지원하는 이유와 유치원 교사·보육사가 되고 싶은 이유를 혼동하는 경우입니다.

"나는 유치원 교사(보육사)가 되고 싶다"고 서술한 후, 그에 대한 동경을 장황하게 늘어놓는 글을 자주 볼 수 있습니다.

특히, 자신이 유치원에 다니던 시절의 경험만을 근거로 유치원 교사(보육사)를 목표로 삼았다고 논하는 경우가 많으며, 이는 "현실을 직시하지 않고 단순한 동경만으로 유치원 교사(보육사)를 지망한 것이 아닌가?"라는 반론이 제기될 우려가 있습니다.

물론 유아교육학 계열 학부·학과를 지원하는 이상, 유치원 교사나 보육사가 되는 것을 목표로 삼는 것은 자연스러운 일입니다. 그러나 단순히 그것만을 언급하는 것이 아니라, 유아교육학 계열에서 무엇을 연구하고 싶은지를 명확히 해야 합니다.

자신이 유치원이나 보육원에 다녔던 경험뿐만 아니라, 봉사활동, 직업 체험, 오픈캠퍼스 등의 **다양한 경험을 바탕으로 K(연구)에 대해 논의하는 것이 좋습니다.** 또한, 유아교육학과 관련된 서적을 참고하여 보다 학문적인 내용을 포함한다면 더욱 바람직합니다.

지망이유서를 작성하는 과정에서, 자신도 모르는 사이에 유치원 교사(보육사)가 되고 싶은 이유를 나열하는 방향으로 흘러가는 경우가 많으므로, 어디까지나 대학에서 연구하고 싶은 내용에 초점을 맞추는 것이 중요합니다.

　　일본대학, 지망이유서로 결정된다

■ 과제로 삼을 만한 주제 · 경험과 학문과의 연관성

유치원이나 보육원에 다녔던 경험 등, 유아교육과 직접적으로 관련된 경험이 바람직합니다. 한편, 대기 아동 문제나 육아 지원 등에 주목하는 수험생도 있지만, 이러한 주제는 유아교육학보다는 정책학 등에서 다루는 것이 더 적절하다고 할 수 있습니다.

주제 · 경험	대응되는 학문
유치원 · 보육원에 다녔던 경험	유아교육학, 보육내용학
보육 봉사활동	유아교육학, 유아심리학, 보육내용학
동생 돌보기	유아교육학, 유아심리학, 보육내용학
내학 오픈캠피스 · 모의수업	유아교육학, 유아심리학, 보육내용학

■ 유아교육학 · 보육학과 관련된 직업

유아교육학 계열의 학부 · 학과에서는 유치원 교사 자격증과 보육교사 자격증을 취득할 수 있어, 대부분 유치원이나 보육시설에 취업합니다. 또한, 복지 현장에서 활동하는 사람들도 있습니다.

유치원 교사, 보육교사, 복지 시설 직원(아동 보호 시설 · 장애인 시설 등), 일반 기업, 연구원

■ 학문소개

"유아교육학", "유아심리학", "보육내용학"이 대표적인 학문 분야입니다. 유아교육학과 유아심리학은 기본적인 이론을 다루며, 보육내용학에서는 구체적인 보육 사례를 기반으로 한 연구를 진행합니다.

학문	내용	대표적인 강의
유아 교육학	유치원·보육소에서의 유아교육 및 보육의 기본적인 개념을 학습한다. 또한, 유아교육 방법과 교육사상가, 유치원·보육소의 변천 과정도 연구 대상이 된다.	- **유아교육방법론**: 유아교육 방법의 기초 이론을 학습하고, 가정과 유치원·보육소 간의 연계 방안을 고찰한다.
유아 심리학	영유아의 심리 발달(인지·자아 발달, 정서 발달, 사회성 발달)에 대해 학습한다.	- **발달심리학**: 영유아기부터 아동기, 청소년기, 성인기, 노년기에 이르는 인간의 심리와 행동을 생애 발달적, 비교문화적, 임상적 관점에서 학습한다.
보육 내용학	영유아의 심신 발달에 맞춘 보육 내용(환경·언어·인간관계·건강·표현)을 학습한다.	- **건강론**: 아동의 신체 발육, 생리 기능·운동 기능·정신 기능의 발달을 이해하고, 질병·사고 예방에 필요한 지식을 학습한다. - **보육내용론**: 아동의 생활, 보육 내용, 보육이 지역 사회와 아동에게 미치는 영향을 학습한다.

"유아교육"이나 "보육"이라는 제목이 붙은 서적 중 상당수는 학문적 근거가 부족한 경우가 많습니다. 독서를 할 때에는 이러한 서적을 피하는 것이 바람직합니다. 여기에서는 유아교육학·보육학의 입문서로 적합한 서적을 소개합니다.

『人間の教育 (上·下)』フレーベル (岩波文庫)

프뢰벨은 19세기 전반에 활동한 독일의 교육자로, 유치원의 창시자로 불린다. 그는 아이들의 가능성을 신뢰하며, 이를 어떻게 발전시켜 나가야 하는지를 설명하고 있다. 유아교육을 지망하는 사람이라면 "Kindergarten(유치원)"이라는 단어를 만든 그의 사상을 한 번쯤 섭해 보길 바란다.

『現代保育学入門―子どもの発達と保育の原理を理解するために』諏訪きぬ (フレーベル館)

대학 교재로 널리 채택되고 있는 한 권의 책이다. 육아에서 가정과 사회의 역할부터 보육자의 역할, 그리고 향후 보육이 직면할 과제까지 조망할 수 있다. 스와 씨는 교육학 전문가로, 육아 지원을 위한 NPO 대표로도 활동하고 있다.

『子どもが育つ条件』柏木惠子 (岩波新書)

아이의 "성장"에 대해 가족 관계와 부모-자녀 간 심리 변화에 주목하며 논하고 있다. 가족에 대한 인식과 역할이 어떻게 변화해 왔는지, 또한 어떤 육아 방식이 아이가 건강하게 자라는 데 도움이 되는지 등 다양한 지식을 담고 있는 한 권의 책이다. 가시와기 씨는 발달심리학 및 가족심리학 전문가로, 저서로는 『親と子の愛情と戦略』『よくわかる 家族心理学』등이 있다.

생활과학·가정학

[Point]
희망하는 직업뿐만 아니라 연구 과제도 명확히 하자.

[Before]

　私は、個人に合った栄養補給をするアドバイスができるようになりたい。そして、それを管理栄養士になった時に活用していきたい。

　私が栄養に関心を持ったのは、部活動で日々の食生活が乱れた経験をした時だ。1日3食を摂ることができないこともあったし、夜遅くに食事をするなど不規則な食生活になってしまった。また、夏には冷たい食事が増え、栄養が偏りがちで、体調を崩すこともあった。正しい食生活を送ることは非常に大事だが、難しい。乱れた食生活をなおせば、健康を害することが少なくなるだろう。また、調理法を工夫して短時間で調理できれば、さらに豊かな食生活を営むことができるに違いない。たとえば、夏バテを予防するために、様々な具材を用いた簡単そうめん料理を考えることもできる。野菜をふんだんに使って、生活習慣病を予防する料理を作ることもできる。体調管理は健康な体を作ること思うので、そうした提案をしていきたい。多くの人が食に関する知識を持ち、自らの力で健康を管理することができれば、これほど嬉しいことはない。そして、そうした方法を考えることで、社会に大きく貢献できるのではないかと考えている。

　そのためには、食べ物がどういう役割を果たすのか知ることが必要なので、大学では食について研究したい。貴学では、栄養士免許を取得でき、管理栄養士国家試験の受験資格が得られる。また、基礎的な学力を備えるためのカリキュラムや指導体制が整っている。化学や生物を基礎から学べ、栄養学の基礎もしっかりと学ぶことができる。さらには、調理実習の回数も多く、現場に慣れることができる点も貴学を志望した理由のひとつである。

　将来は大学で得た栄養学の力を用いて、さらに食への知識を深めたい。そして、栄養士として活躍し、食への意識を高めることがいかに大切か、より多くの人へ伝えていきたい。こうして、社会に役立つ人材に成長したいと考えている。

문 제 점

✗ 대학에서 연구하고 싶은 것이 불명확하다.

K(연구)의 결여

✗ 연구를 지망한 동기가 제시되지 않았다.

D(동기)의 결여

✗ 지망학교를 선택한 이유가 적절하지 않다.

S(선택)의 불명확

대학에서 어떤 연구를 하고 싶은지 구체적으로 나타나 있지 않습니다.

"영양 보충"을 주제로 삼고 그 동기를 설명해야 함에도 불구하고, 건강 관리에 대한 이야기로 바뀌고 있습니다.

지원 학교를 선택한 이유에 자격 취득에 대한 내용을 포함하는 등, 대학을 연구의 장으로 인식하지 않은 서술이 많다는 점이 문제입니다.

---개 선 점---

- 영양학의 관점을 바탕으로, 어떤 연구를 진행하고 싶은지 명확히 한다.
- 영양학을 선택한 이유를 분명하게 서술한다.
- 지원 학교를 영양학 연구의 장으로 인식한다.

---[After]---

　「おいしいものほど、害がある」と私は母から言われ続けて育ってきた。たしかに、糖分や塩分、油分が多い食べ物は健康を害するものだということはわかる。しかし、そうしたおいしさと健康とを両立させることは本当にできないのだろうか。私は、大学で調理科学の研究を行い、それらが両立できる調理法を考えていきたい。[1]

　私が調理科学に関心を持ったのは、自分の食生活を振り返った時だ。食べ物によって、ひとくち食べてから食欲が湧いたり、反対に食べたくなくなったりすることがある。たとえば夏の暑い時期はそうめんや冷やし中華など、冷たくて酸味や塩味が効いた食べ物は食べ続けられるが、味の薄い食べ物はすぐに食べづらくなってしまう。その理由は、味や香りにある[2]と考える。口や鼻からの情報は大脳皮質や脳の扁桃休を通じて視床下部に伝わり、食欲を増減させる。このことから、私は調理法を工夫することで食欲を増進させることができないかと考えた。たとえば、適度に塩味を感じさせ、香りや酸味を加えて塩分を控える調理法を考えることが挙げられる。味覚異常や生活習慣病のリスクを減らしつつ、おいしさを保つのである。おいしさと健康を兼ね合わせた調理方法を研究することは、豊かな食生活をもたらす[2]に違いない。私はこういう調理法を数多く見出し、人々の生活の質を高め、社会の役に立ちたい。

　そのためには、味や香りと食欲との関係を探る力を身につけることが必要である。そうした場として、私は○○大学生活科学部食物栄養学科を選んだ。貴学では化学や生物を基礎から学べ、栄養学の基礎をしっかりと学ぶことができる。△△教授より生理学的に味覚を捉える視点を学ぶことができ、[3]調理科学の研究の第一人者である□□教授のもとで味覚を意識した調理方法を研究することができる[3]点も魅力的である。

　私は将来、大学で得た栄養学の知識をもとに、多くの人々に調理法を提案し、健康を支えていきたい。そして、栄養士として活躍し、社会に役立つ人材に成長したい。

1 O 무엇을 연구하고 싶은지 명확함.	**2** O 연구과제를 정한 동기가 명확함.	**3** O 지망 학교를 선택한 이유가 명확함.
K(연구)의 명확함	**D(동기)의 명확함**	**S(선택)의 명확함**
요리과학을 활용한 조리법을 연구하여, 맛과 건강을 양립하고 싶다는 의도가 전해집니다.	자신의 식생활을 돌아보며 문제점을 탐색한 후, 요리과학을 활용한 조리법의 필요성을 설명하고 있습니다.	조리과학과 조리방법 연구를 함께 수행할 수 있는 장소로서, 지원 학교를 인식하고 있습니다.

※유학생의 경우, 왜 일본으로 유학을 선택했는지 자신만의 이야기를 추가하세요.

칸자키 어드바이스

생활과학·가정학 계열 학부를 지원하는 많은 학생들은, 장래 직업을 결정한 후 학부·학과를 선택하는 경향이 있습니다. 예를 들어, "관리영양사가 되고 싶어서 영양학부", "패션 디자이너가 되고 싶어서 의복학과"를 선택하는 식입니다. 그리고 대부분 자신의 경험을 바탕으로 직업 선택의 이유를 설명합니다. 그러나 위와 같은 직업을 목표로 한다면, 전문학교에 진학하는 것이 더 적절한 경우도 많아, 대학에 진학하는 이유가 불명확해지는 경향이 있습니다. 따라서 **대학에서 연구하고 싶은 내용을 명확하게 서술하고, 직업 선택의 이유는 보충적인 정도로 언급**하는 것이 좋습니다.

또한, 학문을 피상적으로 서술하는 경우가 많습니다. 예를 들어, "맛있다고 평가받는 음식을 제공하고 싶다", "모두가 '귀엽다'고 말하는 옷을 만들고 싶다", "사람들의 시선을 끄는 인테리어 디자인을 하고 싶다"와 같은 주장이 대표적입니다. 하지만 대학 교수들은 이러한 서술을 선호하지 않습니다. 감각적으로 "맛있다", "귀엽다", "눈에 띈다"는 것을 목표로 하는 것은, 학문에 정면으로 마주하지 않고 있다고 평가될 수 있기 때문입니다. 각 학문이 어떠한 목적을 가지고 진행되는지, 그리고 **그 학문을 통해 여러분이 사회에 어떻게 공헌하고 싶은지**를 깊이 고민해 보시기 바랍니다.

　　　　　　　일본대학, 지망이유서로 결정된다

■ 과제로 삼을 만한 주제·경험과 학문과의 연관성

이 분야는 일상적인 경험을 출발점으로 삼기 쉬운 것이 특징입니다. 많은 수험생이 비슷한 사례를 제시하기 때문에 독창성을 드러내기 어려운 경우가 많습니다. 단순히 경험에 대한 고찰로 끝내지 말고, 전공할 학부·학과와 관련된 독서를 통해 내용을 더욱 심화시키는 것이 중요합니다.

주제·경험	대응되는 학문
독서(서적, 잡지 등)	식품학, 영양학, 의복학, 주거학
식사를 한(만든) 경험	식품학, 영양학
다이어트 등의 생활 경험	식품학, 영양학
옷을 신택한(제작한) 경험	의복학
자신의 방을 관찰하거나 리모델링한 경험	주거학
가정과 수업, 요리부·수예부 등의 동아리 활동	식품학, 영양학, 의복학

■ 생활과학·가정학과 관련된 직업

전공하는 분야와 관련된 직업에 종사하는 경우가 많으며, 자격증을 취득하거나(또는 자격시험 응시 자격을 취득한 후) 해당 분야에서 활약하는 사람들도 있습니다.

【식품학·영양학】영양사, 관리영양사, 푸드 스페셜리스트, 급식센터·병원·학교·보건소 직원, 식품 관련 기업, 학교 교원, 연구원
【의류학】패션 기업, 섬유 제조업체, 의류 디자인 회사, 유통 관련 기업, 학교 교원, 연구원
【주거학】건축사, 인테리어 플래너, 주택 제조업체·설계 사무소, 가구 제조업체

인간의 생활에서 빼놓을 수 없는 의(衣)·식(食)·주(住)를 연구 대상으로 하는 것이 **생활과학·가정학**입니다. 식품과 영양, 의류, 주거 등 다루는 대상에 따라 학문 영역이 나누어집니다.

학문	내용	대표적인 강의
식물학	식품과 영양을 과학적 시각에서 고찰하며, 풍요로운 식생활과 건강한 사회 실현 방법을 연구한다.	- **식생활론**: 일상의 식사를 문화적·역사적 시각에서 고찰 - **식품위생학**: 식품의 안전성 및 부패 방지 방법 연구
영양학	식품이 인간에게 어떠한 기능을 하는지 등 인간영양학적 연구를 수행한다.	- **임상영양학**: 질병 상태 및 영양 상태에 따른 적절한 영양지도 방법 연구 - **영양기능론**: 식품의 영양 기능, 기호 기능, 생리 기능 등에 대한 연구
복장학	의복, 패션, 외모를 다루는 학문으로, 복장, 화장, 이발, 미용 등이 연구 대상이 된다.	- **의생활론**: 의복의 기원과 변천을 살펴보고, 의복의 기능과 역할을 올바르게 이해 - **의복심리학**: 심리적 요인과 복장을 사회·문화와 연관 지어 고찰
주거학	건물의 구조, 설비, 인테리어, 거주하는 가족 구성 등을 고려하여 안전하고 쾌적한 주거공간을 연구한다.	- **주생활론**: 현대 주택의 변천과 인간의 생활 및 문화 속에서 주거를 고찰 - **주거의장학**: 주거 공간의 문제점을 이해하고, 건축에 대한 지식을 학습

생활과학·가정학 계열의 서적은 실용서가 많아, 학문 전체를 조망할 수 있는 책을 찾기가 어렵습니다. 대학에서 사용되는 입문용 교재나 연구자가 논한 서적을 살펴보면, 학문의 전반적인 구조를 이해할 수 있습니다.

『栄養学を拓いた巨人たち』杉晴夫(講談社ブルーバックス)

영양학을 확립한 연구자와 그들의 고군분투를 그린 책이다. 해당 연구에서는 해당과정(해당계)이나 TCA회로(크렙스 회로)를 밝혀내는 과정, 그리고 비타민 결핍으로 인한 질병의 실태를 규명하려는 연구자들의 노력이 흥미롭게 묘사되어 있다. 스기 씨는 일본의 생리학자로,『生体電気信号とはなにか』,『人類はなぜ短期間で進化できたのか』등의 저서를 다수 집필하였다.

『衣服と健康の科学』日本家政学会被服衛生学部会編 (丸善出版)

의복과 건강의 관계에 대해 논하고 있다. 의복을 착용했을 때 신체와 정신에 미치는 변화를 수면, 스포츠, 패션, 고령자, 아동 등 다양한 관점에서 다루고 있다. 일본가정학회는 1949년에 설립된 학회로, 일본학술회의에 등록된 학술 단체이다.『アパレルと健康ー基礎から進化する衣服まで』등의 저서가 있다.

『基礎シリーズ 最新住居学入門』後藤久 (監修) (実教出版)

대학 교재로도 사용되며, 주거와 환경, 설계, 관리, 인테리어에 대해 폭넓게 해설한 책이다. 감수를 맡은 고토 씨는 저서『西洋住居史ー石の文化と木の文化』로 일본건축학회상을 수상한 바 있다.

<table>
<tr><td></td><td>

법률학(법학)

[Point]
어떤 법률 연구를 하고 싶은지 명확히 하자.

</td></tr>
</table>

----------------------------------[Before]----------------------------------

　最近、ニュースや新聞で悲惨な事件や事故をよく目の当たりにする。交通事故や事件を未然に防ぎ、市民が平和に暮らせるように支えたいので、私は法律学を勉強して、将来は警察官になりたいと考えている。

　私が警察官になろうと決めたのは、中学生の時である。私が住む地域は、ひと昔前まで国道沿いだけでなく住宅地まで暴走族が頻繁に行き来するところであった。真面目に暮らす住民たちは、彼らの行動に憤りを覚えていた。そこで、自治会は警察に夜間の巡回を依頼し、取り締まりが毎晩行われるようになった。懸命に取り締まっている警察官を見ていて、市民のために働いているのだと思うと、私もそういう立場で活躍したいと考えるようになった。

　私の住む町では現在、朝晩2回の警察の巡回があり、市民の平和を守るために休みなく活動してくれている。さらに自治会でも防犯パトロールを行っている。こうした取り組みにより、暴走族がやってくることはほとんどなくなった。現在、我が町の犯罪件数は非常に低い。空き巣や窃盗事件はここ数年なく、交通事故も起こっていないのだ。こうした継続的な取り組みによって、市民の平和が保たれている。このように、交通違反の取り締まりや地域のパトロールを積極的に行うことで犯罪や事故を防ぎ、より平和な社会になる。そして、私はその一員となって社会に貢献したい。

　そのためには、日本の法律の基本を学び、どのような状況で法律が適用されるのか学んでいきたい。また、警察官採用試験に合格するための力も必要だ。○○大学法学部法律学科では公務員コースを設置しており、公務員になるための教養を身につけることができる。さらに、公務員試験対策講座では入門講座をはじめとした講義がたくさんある。このように警察官採用試験対策が充実し、警察官になるために必要な知識を学べる環境がある貴学に入学したいと考えている。将来は大学で学んだ法律を活かし、犯罪や事故を防ぎたい。そして、社会に貢献できる警察官を目指したい。

----------------------------------문 제 점----------------------------------

✕ 대학에서 연구하고 싶은 것이 불명확하다.	**✕** 연구를 지망한 동기가 제시되지 않았다.	**✕** 지망학교를 선택한 이유가 적절하지 않다.
K(연구)의 결여	**D(동기)의 결여**	**S(선택)의 불명확**

경찰관을 목표로 하고 있다는 것은 알 수 있지만, 법학 분야에서 무엇을 연구하고 싶은지가 전달되지 않습니다.

경찰관을 목표로 하게 된 동기와 방범 순찰의 중요성은 잘 전달되지만, 연구를 하려는 동기는 명확하지 않습니다.

경찰관 채용 시험 대비가 가능하다는 이유는 지원 학교를 선택하는 적절한 이유가 되지 않습니다.

---개 선 점---

- 경찰관이 되고 싶다는 이야기에서 벗어나 법학 연구에 초점을 맞춘다.
- 법학을 공부하려는 동기를 서술한다.
- 법학 연구를 진행하는 데 있어 지원 대학으로의 진학이 필수적이라는 점을 설명한다.

---[After]---

　人は誰もが安全に生活したいと願っている。私は、犯罪と刑罰に関する法がよりよい方向に変化しつつあることを、高校の公民科の授業で学んだ。私は、法による犯罪抑止効果について研究し、将来は人々の安全を守る担い手として活躍したい[1]と考えている。

　私が公民科の授業で学んだことは、法の不完全さとその改善の必要性であった。[2]今までは加害者の人権を保障することに重点が置かれたり、既存の刑事法での解釈では取り締まりができなかったりする事態が起こっていた。そうした問題を解決するため、新たな法律の制定が検討され始めたのである。たとえば2000年に制定されたストーカー規制法は、ストーカーに対して軽犯罪法違反でしか取り締まりができなかった状況で殺人事件が起こった事態を重く受け止めて、制定されたものである。刑事法は加害者の量刑を定める役割を担う一方で、未然に犯罪を防ぐこともできる。ただし、立法する時には人身の自由との兼ね合いを検討する必要がある。日々変化する犯罪に対応するために、どのような法を制定し、また、法をどのように用いて解釈すべきか考えていくことは、必ず安全な生活を営む糧となる。[2]そして、人々の生活の質を高めるためには欠かせない[2]ものとなるだろう。

　そのためには、刑事法を取り巻く問題を探り、法の運用や立法の方法について研究するための学びが欠かせない。○○大学法学部法律学科は、刑事法研究が盛んであることが魅力だ。刑事法や刑事政策の基礎を段階的に学ぶことができる[3]だけでなく、現代社会の問題と法律学との関係を論じる特別講義が充実している。[3]また、刑事法を専門としているゼミナールがあり、そこでは日常生活を脅かす犯罪に対してどのように刑事法を運用すべきか考えられる。[3]私は将来、警察や検察という立場で犯罪を防いだり、政策を立案する立場から人々の安全な生活を考えたりする役割を担いたい。そして、より平和な社会を築く担い手として、貢献できる人材を目指していきたい。

[1] O 무엇을 연구하고 싶은지 명확함.	[2] O 연구과제를 정한 동기가 명확함.	[3] O 지망 학교를 선택한 이유가 명확함.
K(연구)의 명확함	**D(동기)의 명확함**	**S(선택)의 명확함**
법에 의한 범죄 억제 효과를 연구하여 사람들의 안전에 도움이 되고 싶다는 의지가 전해집니다.	스토커 규제법을 예로 들어, 법 해석 및 입법을 통한 범죄 방지 연구의 중요성을 잘 설명하고 있습니다.	법에 의한 범죄 억제 효과 연구를 수행할 장소로서, 지원 학교가 적합하다는 점을 주장하고 있습니다.

※유학생의 경우, 왜 일본으로 유학을 선택했는지 자신만의 이야기를 추가하세요.

칸자키 어드바이스

법학계 학부를 지원하는 사람들 중에는 경찰관이나 공무원, 변호사, 검사, 판사와 같은 직업을 목표로 하는 경우가 많습니다. 그리고 그러한 직업을 목표로 하는 이유를 제시하며 법학을 배우고 싶다고 논하는 경향이 있습니다. 또한, 대학에서 제공하는 자격시험 강좌를 대학의 정규 강의로 착각하는 경우도 자주 보입니다.(자격시험 강좌는 외부 업체가 진행하는 경우가 많으며, 학점이 인정되는 경우는 드뭅니다.) 이처럼, 많은 지원자가 법학 연구라는 시각을 결여한 채 논하기 때문에 다른 지원자와 차별화되지 못합니다. 대학 측에서는 "경찰관이 되고 싶다면 대학에 가지 않아도 되는 것이 아닌가?" "변호사가 되고 싶다고 하지만, 어떤 전문성을 갖고 그 일을 하려는지 목표가 보이지 않는다."라는 반론이 제기될 수 있습니다.

문제는 직업을 먼저 설정한 후 법학의 필요성을 생각하는 데 있습니다. 그렇지 않고, 법학에 대한 관심을 출발점으로 삼아 자신이 연구하고 싶은 법학 분야나 주제를 설정하는 것이 중요합니다. 또한, 공법, 민사법, 형사법, 국제법, 기초법학 등과 같이 연구 분야를 구체적으로 정하여 논하는 것이 중요합니다. 단, 지원동기를 작성할 때 다루는 경험은 신중하게 선택해야 합니다. 예를 들어, 정의감 넘치는 어린 시절의 경험을 억지로 법률 논의로 연결하려는 경우가 있습니다. 이처럼 경험이 법학과 무관한 내용이 되면 논점이 벗어나고, 법학의 중요성을 막연하게 설명하는 지원동기가 되어 버릴 가능성이 있습니다.

 일본대학, 지망이유서로 결정된다

■ 과제로 삼을 만한 주제 · 경험과 학문과의 연관성

법률 문제와 직접적으로 관련된 경험이 있다면 가장 좋지만, 그렇지 않더라도 뉴스, 신문, 서적의 내용을 소재로 삼을 수도 있습니다. 또한, 고등학교 공민 과목의 수업을 계기로 삼아 법학에 관심을 가지게 된 경험을 활용하는 것도 좋은 방법입니다.

주제 · 경험	대응되는 학문
범죄와 관련된 뉴스	실정법학(형사법, 공법), 기초법학
가족이나 일상생활과 관련된 법률 문제	실정법학(민사법), 기초법학
교육 현장에서 발생하는 법률 문제	실정법학(공법), 기초법학
분쟁, 무역 문제, 국가 간 대립 관련 법률 문제	실정법학(국제법), 기초법학
고등학교 공민 과목 수업	실정법학(공법, 국제법 등), 기초법학
법률 문제와 관련된 독서	실정법학(공법, 민사법 등), 기초법학

■ 법률학과 관련된 직업

최고 난이도의 자격증인 변호사, 판사, 검사뿐만 아니라 법과 관련된 직업은 매우 다양합니다. 또한, 공무원이나 민간 기업을 목표로 하는 사람들, 재학 중에 각종 자격증을 취득하는 사람들도 있습니다.

변호사, 판사, 검사, 사법서사, 행정서사, 사회보험노무사, 부동산중개사, 공무원, 법원사무관, 경찰관, 민간기업, 학교 교원, 연구원

■ 학문소개

구체적인 문제에 대해 법을 어떻게 적용할 것인가를 연구하는 실정법학과, 법의 기초를 연구하는 기초법학으로 나뉩니다. 실정법학의 연구 대상은 크게 공법(헌법, 행정법, 조세법, 형법 등)과 사법(민법, 상법 등)으로 구분됩니다.

학문	내용	대표적인 강의
실정법학	법을 구체적인 문제에 적용하여 연구하는 분야로, 법이 가지는 의미를 탐구하는 법해석학과 입법에 대해 연구하는 입법학으로 나뉩니다.	- **헌법학**: 일본국헌법의 기본 원리를 배우고, 인권과 통치 기구에 대해 연구하는 분야. - **민사법**: 시민의 권리와 의무 및 이에 관련된 법을 연구하는 분야로, 대표적으로 민법이 포함됨. - **형사법**: 범죄와 형벌에 관한 법을 연구하는 분야로, 대표적으로 형법이 포함됨. - **국제법**: 국가 간의 관계를 규율하는 법을 연구하는 분야로, 조약과 국제관습법을 주요 대상으로 삼음.
기초법학	법의 기초적인 연구를 수행하는 분야로, 대표적인 예로 법철학, 법사회학, 법사학, 비교법학 등이 있습니다.	- **법철학**: 철학적 방법과 태도를 통해 법의 원리를 연구하는 분야. - **법사학**: 법의 역사에 대해 연구하는 분야. - **법사회학**: 다양한 법 제도의 기능과 구조를 사회학적 관점에서 연구하는 분야. - **비교법학**: 각국의 법을 비교하여 연구하는 분야. - **법정책학**: 법학의 지식을 바탕으로 사회 문제의 해결 방법을 모색하는 분야.

  일본대학, 지망이유서로 결정된다

■ 추천도서 소개(* 일본 내에서 판매되는 도서들입니다)

법학에 관한 서적은 매우 많으며, 문고판이나 신서 등 쉽게 구할 수 있는 책들도 있습니다. 여기에서는 재판과 관련된 서적을 소개하고 있지만, 그 외에도 일본국헌법, 민사법, 형사법과 관련된 입문서를 읽는 것도 유익합니다.

『人が人を裁くということ』小坂井敏晶 (岩波新書)
시민의 사법 참여가 의무로 인식되는 일본과, 권리로 이해되는 서구 국가들의 차이는 무엇에서 비롯된 것인가? 이러한 차이를 고찰하며, 재판이라는 행위의 본질에 접근한다. 고사카이 씨는 사회심리학 박사로, 저서로는『異邦人のまなざし』,『社会心理学講義〈閉ざされた社会〉と〈開かれた社会〉』등이 있다

『権利のための闘争』イェーリング(村上淳一訳) (岩波文庫)
예링(1818-1892)은 독일의 법학자이다. 이 책은 100년 이상 전에 집필된 저작으로, 권리 침해에 대해 법정 등에서 철저히 싸우는 것은 단순한 손익의 문제가 아니라, 자신의 존엄성을 회복하기 위한 윤리적 자기보존이며, 법을 실현하기 위한 의무라고 설파하고 있다. 법학을 공부하려는 사람이라면 반드시 한번 읽어 보길 권한다.

『小説で読む行政事件訴訟法』木山泰嗣 (法学書院)
변호사인 키야마 씨가 작성한 이 책을 읽어 나가면서 "행정 사건 소송법은 어렵다"는 이미지가 사라지고, 보다 친근하게 느껴질 것이다. 법과대학원생인 주인공이 법률사무소에서 연수 중 경험한 재판 실무를 통해, 행정 사건 소송법을 이야기 형식으로 알기 쉽게 해설한 한 권의 색이다.

정치학

[Point]
"공무원이 되고 싶다"만으로 끝내지 말자.

[Before]

　私はアレルギー疾患を抱えている。将来は、私と同じようにアレルギーのある子どもが楽しく暮らせるような手助けをしたり救ったりする仕事に就きたいと考えている。

　私が子どもの頃、通っていた保育園の先生にやさしくしてもらっていた。私はぜんそくを患っていたが、保育園で発作を起こした時には、親が迎えに来るまで一生懸命に世話をしてもらった。一緒に遊んでくれたり、助けたりしてくれた。私がわがままを言った時には、一方的に注意するわけではなく、やさしい眼差しで私をたしなめ、よき方向へ導いてくれた。やさしかった保育園の先生の姿を思い起こすと、今でも胸が熱くなる。私もこの先生のように常にやさしく、また、アレルギーを持つ子どもに発作が起きた時には適切に対処し守れるようになりたい。そうした子どもが遠慮なく遊び、楽しめる環境を作りたい。そのためには国や地方公共団体の仕組みを変えなければならず、公務員試験に合格しなければならない。

　そのために、公務員になれる学校に行かなければならない。試験に合格して、就職するのを助けてくれる大学に行きたい。そうでなければ進学は意味がない。仕事に就いた日のことを想像すれば、どんな苦労も乗り越えられる。

　○○大学法学部政治学科では公務員試験に合格するための講義が用意されており、勉強に不安がある私であっても安心だ。また、実習も充実していて、早く行政の現場に慣れることができる点も魅力的だ。校舎も新しいし、オープンキャンパスで出会った先輩たちも教授もやさしく、雰囲気がとてもよいと感じた。こうした自然環境が豊かなキャンパスで、たくさん友達を作り、地方自治体に就職できるといいと思った。だから、貴学を志望した。

　大学に進学したら、アルバイトや部活動に積極的に参加し、学生生活を楽しみたい。そして、早く公務員になって活躍したい。

문 제 점

✗ 대학에서 연구하고 싶은 것이 불명확하다.

K(연구)의 결여

✗ 연구를 지망한 동기가 제시되지 않았다.

D(동기)의 결여

✗ 지망학교를 선택한 이유가 적절하지 않다.

S(선택)의 불명확

알레르기 질환을 가진 아이들을 돕고 싶다는 꿈을 이야기하는 것은 좋지만, 그 목표를 위해 대학에서 무엇을 연구할 것인지가 작성되어 있지 않습니다. 가장 중요한 연구 과제가 명확하지 않습니다. 또한, 자기 중심적인 시각에서만 이야기하고 있어, 편향된 인상을 지울 수 없습니다. 대학은 연구 기관이라는 시점을 결여한 서술입니다. 자격 취득을 위한 수단으로만 인식하고 있는 점이 아쉽습니다.

----------개 선 점----------

- 대학을 자격 시험 대비 학원처럼 인식하지 않는다.
- 직업 선택의 이유가 아니라, 정치학 연구를 목표로 설정하게 된 동기를 서술한다.
- 자기 중심적인 동기를 피하고, 사회 공헌을 의식하여 동기를 정리한다.

----------[After]----------

　世の中には、アレルギー疾患を患っている子どもたちが数多く存在する。私は大学で、公共政策学に軸足を置き、このような疾患を患う子どもの社会活動を活発にするための公共施設の運営方法を研究していきたい。[1]私がこう考えた理由は、私自身が幼い頃に小児ぜんそくを患っていたという経験による。特に辛かったのは、学校行事や家族旅行などで発作を起こしたことであった。吸入器やネブライザーで措置をした後、病院へ運ばれることも幾度かあり、幼心に生活の制限に苛立っていたことを覚えている。

　私のようにアレルギー疾患を抱える子どもは日本に90万人以上存在するといわれているが、現状では自己防衛する他なく、活動制限を強いられる。[2]だから、宿泊施設や医療・福祉施設、公共施設の環境整備などをすることで、社会活動の場を広げることが必要だ。そうすることで他の子どもたちと一緒に生活したいという彼らの切なる願いを叶え、自立的な生活を支援できる[2]と考える。その実現には、アレルギーフリーの公共施設を運営するための対応マニュアルや環境整備の方法を生み出さなければならない。私には、その基礎となる公共政策学やアレルギーフリーに対応した施設環境の整備方法を研究する場が必要だ。

　○○大学法学部政治学科で学ぶことが最適であると考えたのは、こうした分野における専門家から教えを乞える[3]からだ。たとえば、医療・介護分野の公共政策を専門とする△△教授より、政治学・行政学の立場から、行政やNPOと企業の連携のあり方について学べる。そして、組織・経営　医療・環境・観光といった専門分野からも考察できるカリキュラムが組まれている[3]

ことも魅力的だ。私が入学したあかつきには、貴学において主体的に学び、将来的に多くの子どもを救う手段を生み出していきたいと考えている。

1 **O** 무엇을 연구하고 싶은지 명확함.	2 **O** 연구과제를 정한 동기가 명확함.	3 **O** 지망 학교를 선택한 이유가 명확함.
K(연구)의 명확함	**D(동기)의 명확함**	**S(선택)의 명확함**
대학교에서 어떤 학문을 익히고, 어떤 연구를 하고 싶은지 구체적으로 서술하고 있습니다.	경험을 바탕으로 왜 '알레르기 질환을 가진 어린이들의 사회활동 방법'을 연구하고 싶다고 생각했는지, 사회 공헌의 관점을 가지고 설명할 수 있습니다.	지원 학교에서 '학습'과 연구 환경이 어떻게 갖추어져 있는지를 설명하며, 지원 학교를 선택한 이유를 정리하고 있습니다.

※유학생의 경우, 왜 일본으로 유학을 선택했는지 자신만의 이야기를 추가하세요.

칸자키 어드바이스

정치학 계열의 지원 동기서에서 흔히 발생하는 문제는 공무원이나 언론 업계 취업을 지나치게 의식한 나머지, 정치학 연구를 지원하는 동기가 모호해지는 경우입니다. 지원 학교 선택 이유를 "취업 지원 체계가 완벽하다" "취업 대비 강좌가 있다" 등으로 서술하는 경우가 많아, 정치학의 '연구'를 지원하고 있는지 의심스러운 내용이 되곤 합니다.

또한, 정치학과 직업을 억지로 연결시키려다 보니 부자연스러운 문장이 되는 경우도 있습니다. 지원 동기를 작성할 때는 먼저 정치학 연구와 취업을 분리하여 생각해 보는 것이 중요합니다. 정치학 분야에서 어떤 연구를 하고 싶은지, 먼저 학문과 마주해야 합니다. 그 후에 정치학적 지식이 직업에서 어떻게 활용될 수 있을지를 다시 고민해 보면 됩니다.

또 다른 흔한 문제는 "현재의 정치가 세금을 지나치게 낭비하고 있다. 낭비를 없애기 위해 정치를 공부하겠다"와 같이 현재 정치 상황을 단편적으로 비판하고 피상적인 기술에 그치는 경우입니다. 정치의 문제점을 비판적으로 바라보는 것은 나쁘지 않지만, 그러한 문제가 왜 발생하는지, 그 원인과 배경을 철저히 분석한 후 논리적으로 서술하는 것이 중요합니다. 이를 위해서는 책 등의 자료를 참고하면서 자신의 사고를 깊이 발전시키는 과정이 필요합니다.

일본대학, 지망이유서로 결정된다

■ 과제로 삼을 만한 주제·경험과 학문과의 연관성

고등학생은 정치에 직접 참여할 경험이 부족하기 때문에, 고등학교 수업이나 뉴스 등의 자료를 바탕으로 고민해 보는 것이 중요합니다. 또한, 지역 사회가 직면한 문제를 탐구하고, 이를 정치학적 접근을 통해 해결하고자 하는 흐름으로 이야기를 전개하는 것도 좋은 방법이 될 수 있습니다.

주제·경험	대응되는 학문
고등학교의 시민 과목 수업	정치철학, 정치과학
정치와 관련된 뉴스(작은 정부, 지방 분권, 격차 사회 해소, 세세, 환경 문제 등)	정치철학, 정치과학
지역 사회가 직면한 문제(인구 감소, 저출산·고령화, 육아, 지역 경제 쇠퇴 등)	정치과학
국제 정치와 관련된 뉴스(무역 자유화, 식량 자급률, 분쟁·전쟁, 국가 간 대립, 외국인 노동자 증가 등)	정치과학

■ 정치학과 관련된 직업

정치학이 직접적으로 필요한 직업으로는 공무원이나 정치가 등이 생각될 수 있습니다. 또한, 학교 교사로 활동하는 사람들도 있습니다. 그러나 대부분은 민간 기업에 취업하는 경우가 많으며, 일부는 언론 업계를 희망하기도 합니다.

민간 기업, 공무원, 정치가, 국제 공무원, 학교 교사, 연구원

■ 학문소개

정치학은 대체로 정치철학(정치에 관한 철학)과 정치과학(과학적 방법을 사용하여 정치 과정 분석)으로 나눌 수 있습니다. 또한, 정치학 연구는 철학뿐만 아니라 역사, 법학, 경제학, 사회학, 심리학 등의 다양한 학문적 접근을 통해 이루어지기도 합니다.

학문	내용	대표적인 강의
정치철학	정치의 본질, 가치, 원리 등 정치의 규범을 연구하는 학문.	- **정치사상론**: 정치사상의 역사적 전개와 정치학의 기본 개념 등을 연구하는 학문 - **선거제도론**: 정권 교체, 정당 분열, 비례대표제 등 선거제도에 대해 연구하는 학문 - **사회운동론**: 일본 사회의 정치적 전개 과정을 연구하는 학문
정치과학	정치 현상을 과학적으로 규명하는 학문.	- **권력론**: 정치에서의 권력에 대해 연구하는 학문 - **정치·사회론**: 각 시대와 각국의 사회적 배경을 바탕으로 정치를 분석하는 학문 - **정치과정론**: 통계학적·과학적 방법을 활용하여 정치 과정을 분석하는 학문 - **비교정치론**: 다른 나라의 정치에 대해 역사, 정치, 국제관계 등을 연구하는 학문

■ 추천도서 소개(* 일본 내에서 판매되는 도서들입니다)

여기에서 다루는 서적은 정치 사상과 정치 제도의 구축에 대해 해설한 것입니다. 정치학을 공부하고 싶다면, 민주주의의 역사를 되짚어 보는 것을 추천합니다.

『民主主義という不思議な仕組み』佐々木毅(ちくまプリマー新書)
민주주의의 역사에 대해, 폴리스의 민주제부터 아리스토텔레스의 정치론까지 서술되어 있으며, 인용된 서적도 편향되지 않았다. 민주주의를 생각하는 첫 번째 책으로 적절할 것이다. 사사키 씨는 법학 박사이며, 제27대 도쿄대학교 총장이다. 저서로는 『政治の精神』, 『プラトンの呪縛』 등이 있다.

『国際関係がわかる本』原康(岩波ジニア新書)
1999년의 책이므로 내용이 오래된 부분도 있지만, 국제 사회의 규칙과 국경을 넘어선 인류 공통의 이념 형성까지 논의되고 있다. 국제 관계의 여러 문제(코소보 등)의 구체적인 예시도 제시되어 있어 세계 정세와 문제를 고찰하는 데 유용한 책이다. 하라 씨는 국제 저널리스트이다. 저서로는 『国際機関ってどんなところ』 등이 있다.

『政治学』アリストテレス(岩波文庫)
인간은 본성상 폴리스(국가)적 동물이라는 유명한 정의로 알려진 책이다. 이 책은 1961년에 번역되어 출판된 이후, 오랫동안 읽혀 온 "고전"으로 분류될 수 있는 정치학 서적이다. 문장이 놀라울 정도로 평이하여 고등학생도 읽을 수 있다. 플라톤과 소크라테스의 주장과 많은 차이가 있으므로, 함께 읽으면 더욱 흥미로울 것이다.

<table>
<tr><td></td><td colspan="2"># 경제학

[Point]
경제에 대한 관심으로 끝내지 말고, 경제학 분야에서의 과제를 탐구하자.</td></tr>
</table>

---------------------------------[Before]---------------------------------

　私は経済学を勉強し、応用していき、そして、将来は金融関係の仕事に就き、銀行業務に携わりたい。

　経済に興味を持ったのは、日本と世界の経済活動についてのニュースを見てからである。不良債権問題で破綻する銀行が多かったということを、政治経済の授業で知った。その際、銀行に公的資金を投入し、金融システムを安定化させるといった方法を取った日本政府の対応が本当によかったのか、気になっている。銀行の破綻を防いだとはいえ、その資金源は私たちの税金である。航空会社の破綻を防ぐために公的資金が投入された時には、さすがに疑問を抱いた。そういう経済安定策は本当に適切なのだろうか。今後は人口が減少し、成熟した経済になるといわれる一方、税収も減少する。そうした時に、今までのような経済政策で本当によいのか、もっと議論が必要である。

　また、東日本大震災の被災地においては、復興とともに地域経済の活性化が求められている。多くの人々を支えるためには、経済学の知識が必要だ。お金の流れを学び、日本経済の活性化を目指したい。加えて、デフレーションを解消する方法や、増税時の社会保障など、私が知りたいことが多くある。経済の歴史やその仕組みを知り、経済理論をどう応用すれば日本の経済を分析できるのか、グローバル経済の中で日本はどうすべきか、時代を先読みすることが必要だ。

　そのためには、大学で深く学ぶ必要がある。物事を広い視野で考える力が求められているからだ。そのために選んだのが、○○大学経済学部経済学科である。日本の経済の基本を学び、学年を重ねるごとに応用的な授業が行われる。たとえば、入門経済学の授業で経済学を基礎から学べる。そうした中で経済学を学び、広く社会に役立ちたい。銀行業務の仕事に就き、夢を実現できるように資金を貸し出し、様々な人々を支えられるように頑張っていきたい。

---------------------------------문 제 점---------------------------------

X 대학에서 연구하고 싶은 것이 불명확하다.

K(연구)의 결여

X 연구를 하게 된 동기에 대한 설명에 일관성이 없다.

D(동기)의 결여

X 어떤 전문성을 배울 명확하지 않다.

S(선택)의 불명확

<table>
<tr>
<td>경제학 중 어떤 분야에서, 어떤 연구를 진행해 나가고 싶은지가 전달되지 않습니다.</td>
<td>경제 정책, 지역 활성화, 사회 복지, 경제 분석 등 다양한 주제가 제시되었고, 일관성 있는 동기 설명이라고 할 수 없습니다.</td>
<td>기초부터 응용까지 배울 수 있다는 이유를 들고 있지만, 연구하고 싶은 것이 명확하지 않아 애매함이 남는 서술입니다.</td>
</tr>
</table>

---개 선 점---

- 어떤 목적을 가지고, 어떻게 경제학 연구를 진행하고 싶은지 명확히 한다.
- 연구를 하게 된 동기를 구체화하고, 스토리성 있게 설명한다.
- 지망 학교를 선택한 동기를 보다 전문적인 시각에서 서술한다.

---[After]---

　大規模な災害が発生すると、人々の生活や生産活動に大きな支障を来す。私は経済学の視点から復興の方法を考え、地域経済の活性化の担い手になりたい。[1]

　私は、東日本大震災で被災した一人である。震災の後は東北や北関東にある工場が稼働できず、放射性物質の影響で農作物が出荷できない事態となったことを覚えている。他方、日用品の買い占めが起こり、被災地だけでなく全国的に物不足が起こった。しかし、品物の価格は私が高校の公民で学んだ価格メカニズムの通りにはならなかった。[2]品物のほとんどは、物不足の直後に価格が上がらなかったのである。一方で、インフレーションを引き起こす可能性は依然として残り、私たち被災者の生活に大きな影響を与えかねない状況が続いた。私はその時、未曾有の災害によって突然、需要と供給のバランスが崩れると、復興を妨げる恐れがあると思った。そして、こうした災害の際に経済をどうコントロールすれば復興ができるのか、という課題に取り組まなければならないと考えた。[2]経済学の立場から政府に助言を与えることで、市場を復活させる支援をするのである。もちろん、価格を監視してインフレーションを防ぎ、人々の復興へのモチベーションを高めることも欠かせないだろう。こうした災害による地域経済の危機への対処法が確立すれば、人々が経済的に立ち直る支援ができるに違いない。

　そのためには、災害時の価格変動や政策、そしてその効果を、経済学の視点から分析することが必要だ。○○大学経済学部経済学科は、経済学の基本を習得するとともに、農業経済学や都市経済学、リスクマネジメントといっ

[1] O 무엇을 연구하고 싶은지 명확함.

K(연구)의 명확함

지역 복구를 위한 경제학을 연구하고자 하는 의지가 확실히 드러나 있습니다.

[2] O 연구과제를 정한 동기가 명확함.

D(동기)의 명확함

고등학교 수업에서 배운 내용을 바탕으로 동북 일본 대지진에서 발생한 사례를 분석하고, 경제학 연구의 필요성을 논하고 있습니다.

[3] O 지망 학교를 선택한 이유가 명확함.

S(선택)의 명확함

지망 학교라면, 복구를 위한 경제학을 연구할 수 있다는 점을 설명하고 있습니다.

※유학생의 경우, 왜 일본으로 유학을 선택했는지 자신만의 이야기를 추가하세요.

━━━ 칸자키 어드바이스 ━━━

경제학 계열 학부를 지망하는 학생들 중에는 취업을 의식한 서술을 하는 사람이 많은 것 같습니다. 예를 들어, "돈을 다루는 일을 하고 싶어서" 또는 "취업할 때 유리하기 때문에"와 같은 내용이 있습니다. 그러나 이러한 서술은 부적절합니다. 경제학이라는 학문을 깊이 공부하기 위해 대학에 진학하고, 그것을 일에 활용하겠다는 의지를 가져야 합니다.

또한, 고등학교의 공민 과목(정치 경제, 현대 사회) 수업 내용을 계기로 논하는 사람도 있습니다. 이 경우, 가격 메커니즘, 경기 변동, 경제 정책, 국제 무역 등이 중심이 되기 쉬운데, 이때 교과서나 자료를 그대로 옮겨 적은 내용에 그치는 사람이 많습니다. 이렇게 되면 독창성이 느껴지지 않습니다. 이전 페이지의 After처럼, 고등학교에서 배운 내용을 구체적인 사례에 적용해 생각하는 것이 좋습니다. 이렇게 하면 고등학교 학습의 한계를 알 수 있습니다. 그리고 경제학의 어떤 분야에서 그 문제를 풀 수 있을지, 지망하는 대학에서 어떤 연구가 진행되고 있는지 알아봅니다. 거기서부터 대학에서 진행할 연구 주제를 찾는 절차를 밟아야 합니다.

일본대학, 지망이유서로 결정된다

■ 과제로 삼을 만한 주제·경험과 학문과의 연관성

경제학에 관련된 직접적인 경험을 제시하기 어려울 것입니다. 우선, 고등학교 공민 과목의 수업이나 경제와 관련된 뉴스를 다루면서 검토해 보세요. 또한, 자신의 취미와 관련된 경제에 대해 생각해 보는 것도 좋습니다.

주제·경험	대응되는 학문
고등학교 공민 과목 수업 (가격 메커니즘, 경기 변동)	이론 경제학, 계량 경제학
고등학교 공민 과목 수업 (경제 정책)	이론 경제학, 경제 정책학, 공공 경제학
고등학교 공민 과목 수업 (경제사)	경제사
고등학교 공민 과목 수업 (환율, 국제 무역)	경제 정책학, 국제 경제학
경제에 관련된 뉴스	이론 경제학, 경제 정책학, 농업 경세학, 노동 경제학
자신의 취미와 관련된 분야의 경제 (스포츠, 음악, 예술 등)	이론 경제학, 문화 경제학, 공공 경제학

■ 경제학과 관련된 직업

금융·유통 계열의 기업을 중심으로, 다양한 직종이 고려될 수 있습니다. 이것이 "경제학부는 취업에 강하다"는 말의 이유입니다. 또한, 자격 직종에 도전하는 사람들도 적지 않습니다.

은행, 증권, 보험 등의 금융 기업, 상사, 유통, 제조업체, 공인회계사, 세무사, 중소기업 진단사, 공무원, 학교 교사, 연구원

■ 학문소개

경제의 이론을 연구하는 이론 경제학을 비롯해, 분야는 다양합니다. 아래에 제시된 것 외에도, 국제 경제학, 공공 경제학, 노동 경제학, 환경 경제학, 농업 경제학, 경제사, 문화 경제학 등이 있으며, 사회의 모든 경제 활동이 연구의 대상이 됩니다.

학문	내용	대표적인 강의
이론 경제학	일반적인 경제의 구조를 명확히 한다. 많은 경제학을 학습하기 위해 필요한 기본적인(fundamental) 사고 방식과 그 분석 방법, 그리고 응용 방식을 연구하는 학문.	- **생활경제론**: 일본 사회, 지역 사회가 직면한 여러 문제를 학습 - **사회보장론**: 사회 보장의 기본적인 성격, 기능과 역할 등을 학습
경제 정책학	이론을 바탕으로, 실제 정부의 경제 정책 결정에 도움이 될 수 있도록 접근한다. 금리나 환율 등 금융 정책에 관한 연구도 포함된다.	- **무역론**: 시대에 따른 무역의 특징을 이해하고, 무역의 변화 등을 학습 - **금융론**: 금융의 의미를 파악하고, 다양한 금융 정책을 학습
경제사	경제와 사회의 시스템, 인간의 경제 생활의 역사적 변화를 고찰한다.	- **일본 경제사**: 근대 일본의 형성을 경제사 관점에서 학습 - **세계 경제사**: 세계 경제사를 연구
계량 경제학	경제 데이터의 실증 분석에 사용되는 계량 경제 모델의 이론과 그 응용 방법에 대해 배운다.	- **계량 경제 분석**: 경제학, 통계학, 수학을 사용하여 현실 경제의 움직임을 분석

먼저, 아래에 제시된 경제학의 전체적인 모습을 이해하기 위한 책을 읽어 보세요. 그 후, 거시 경제학이나 미시 경제학 중 하나에 집중하거나, 역사나 경기 변동에 주목하는 등 연구 방향을 정하는 것이 좋습니다.

『ひたすら読むエコノミクス』伊藤秀史(有斐閣)

경제학은 세상과 인간을 해석하는 "문법"이라고 본서에서는 언급되고 있다. 사회의 구조나 인간의 행동을 생각하고 분석하는 도구로 경제학을 바라보며, 신선한 시각으로 해석한다. 이토 씨는 경제학자로, 저서로『契約の経済理論』이 있다.

『経済学はこう考える』根井雅弘 (ちくまプリマー新書)

이 책은 쉬운 문장으로 쓰여 있으며, 경제 사상사의 입문서라고 할 수 있다. 과거에 존재했던 위대한 경제학자들의 경제학적 사고방식이라는 문제에 접근하고 있다. 네이 씨는 경제학자이다.

『経済学を学ぶ』岩田規久男 (ちくま新書)

교환과 시장, 수요와 공급, 기업·정부 등 미시 경제학의 기본 문제부터, 국민 소득, 재정 금융 정책 등 거시 경제학의 기초까지를 풍부한 예시와 적절한 비유로 설명하고 있다. 이와타 씨는 경세학자이며, 일본은행 부총재이다. 저서로는『国際金融入門』,『マクロ経済学を学ぶ』등이 있다.

<table>
<tr>
<td>지망이유서
작성예시⑩</td>
<td colspan="2"> **경영학·상학**

[Point]
경영 용어에 휘둘리지 않고, 경영학·상학 연구의 내용을 구체적으로 제시하자.</td>
</tr>
</table>

[Before]

　昨今では、高度情報化や国際化が進み、ビジネスの現場での変化が目まぐるしいといわれている。私はマーケティングについての研究をし、企業の経営に役立たせたい。

　不景気の中、倒産する企業もあれば、業績を伸ばす企業もある。次々と新しい商品やサービスが生まれるが、売れるものもあれば、売れずに消えるものもある。企業側も販売するための工夫をしているはずなのに、同じものを売っていてもなぜこうした差が生まれるのか。どのようにして商品やサービスを消費者の目に留まるようにし、販売しているのだろうか。倒産した企業は、事前に経営方針を変え、他社と差別化を図ることで、倒産を免れることができたかもしれない。景気回復には、市場に通貨が回って景気を刺激することが必要だ。そうした方法を探るのに役立つのが、経営学だ。まさに、大きな経済効果を生む商品やサービスを、どのように生み出すのかを考えるために必要なのはマーケティングである。人々の生活を支える企業が健全に保たれるには、景気を支えるためのマーケティングを研究しなければならないと考えた。

　そのためには、経営学を学び、企業に活気を取り戻す方法を考えなければならない。○○大学経営学部経営学科では、時代の最先端を行く経営者の講演を聞くことができる。また、経営学を基礎から学べ、マーケティングに必要な知識を得ることもできる。企業人に必要な能力を段階的に学べるカリキュラムもあり、卒業後、即戦力として働くのに役立つ科目が充実している。情報化や国際化に対応するため、情報処理や英語の授業も設けられている。経営の基礎とともに、現代社会の中で求められる技術や知識をしっかりと学べるのが、貴学のよい所だと考えている。私にとって貴学は理想的な学び場だと考え、私は志望すた。

　将来はマーケティングの分野から企業を支えるとともに、経営学を進化させていきたい。そのためにも大学4年間の学びを大切にし、その力を蓄えていきたいと考えている。

문제점

X 대학에서 연구하고 싶은 것이 불명확하다.

K(연구)의 결여

마케팅의 연구를 하고 싶다는 점은 전달되지만 구체적으로 설명되지 않습니다.

X 연구를 지망한 동기의 설명이 불충분하다.

D(동기)의 결여

마케팅의 필요성을 설명하는 데에만 그치고 있으며 동기의 설명이 불충분합니다.

X 학교를 연구 기관으로 인식하지 않고 있습니다.

S(선택)의 불명확

연구 주제가 모호하기 때문에 지망 학교에서 어떻게 연구를 진행하고 싶은지에 대한 설명이 불충분합니다.

개선점

- 어떤 대상을 대상으로 마케팅 연구를 하고 싶은지 구체적으로 서술한다.
- 마케팅 연구를 지망하게 된 동기를 구체적으로 제시한다.
- 지망 학교가 마케팅 연구를 수행하는 데 적합하다는 점을 전달한다.

[After]

今後、都市と地方の地域格差が拡大するにつれて、地方経済、特に小規模な市町村の活性化が課題となる。私はマーケティングについて研究し、地域経済の活性化を目指したい。[1]

私の住む町では地域ブランドを確立しようと躍起になっている。[2]私の町は大きな産業を抱えておらず、観光地もない。過去、地元商店街が△△というB級グルメを生んだが、その後、廃業する飲食店が後を断たず、今では観光客が訪れる姿をあまり見ない。他の地域が活性化する状況を見ても、地域名産の開発やイベントの開催が主であり、多くは一過性のものである。町を本当に活性化するならば、継続的な取り組みのもと、自然と定着するような方法を考えるべきではないか。そのためには、それぞれの地域の特性を見直した上で、自分たちの住む地域の新たな魅力を見出すことが欠かせない。そしてさらに、時代にあった方法で活性化を行うことが望まれるのではないか。こうした地域ブランドのマーケティングには、ものを買う行動に潜む仕組みを読み取るという経営学的な捉え方が強く求められていると考える。ブランディングによる地域活性化を進展させることにより、地元で継続的に定着する方法を提案できる[2]と考える。

その実現のためには、企業の利益追求を中心とするものではなく、社会との関わりを重視したマーケティング戦略を立案するための能力が必要だ。そのために私は、○○大学経済学部経営学科を選んだ。貴学では消費者行動論やブランドマーケティング等の様々なマーケティング戦略の基礎を学べる[3]だけでなく、地域ブランドの確立について研究する□□教授からのアドバイスも期待できる[3]ので、志望した。

　私は、地域経済が衰退する姿を、地元で目の当たりにしてきた。こうした地域を少しでも多く救い、地元の人々の生活が豊かになるような支援をしていきたいと考えている。

---

1 O 무엇을 연구하고 싶은지 명확함.

K(연구)의 명확함

지역 활성화를 위해 마케팅 연구를 하고 싶다는 뜻이 전달됩니다.

2 O 연구과제를 정한 동기가 명확함.

D(동기)의 명확함

지역 브랜딩에 대한 의문에서 출발하여, 브랜딩을 통한 지역 활성화의 필요성을 설명하고 있습니다.

3 O 지망 학교를 선택한 이유가 명확함.

S(선택)의 명확함

지망 학교에서 마케팅 전략 연구를 할 수 있다는 점을 언급하며, 지망 이유를 전달하려 하고 있습니다.

※유학생의 경우, 왜 일본으로 유학을 선택했는지 자신만의 이야기를 추가하세요.

━━━ 칸자키 어드바이스 ━━━

경영학·상학 계열의 지망자 중에는 "회사를 설립하고 싶어서", "가게를 가지고 싶어서", "가업을 잇기 위해서" 등을 지망 이유로 드는 사람들이 있습니다. 이러한 주장에 대해서는 "회사를 설립하려면 지금이라도 할 수 있는 것 아닌가?", "어떤 회사를 설립하고 싶은가? 그 목적은 무엇인가?", "가업을 잇는다면 대학에 가지 않아도 되지 않는가?"와 같은 반론이 제기될 수 있습니다. 대학을 연구의 장으로 인식하고, 경영학·상학 계열 분야에서 무엇을 연구하고 싶은지 명확히 밝혀야 합니다.

또한, "공인회계사가 되고 싶어서", "세무사 자격증을 따고 싶어서"와 같은 자격증 취득을 목적으로 한 내용이나, "부기 검정 능력을 살릴 수 있을 것 같아서"라는 식의 지망 이유도 있습니다. 이처럼 대학을 자격시험 학원처럼 인식하는 서술은 피해야 합니다. 참고로, 공인회계사나 세무사의 업무와 가장 밀접한 연구 분야는 회계학입니다.

그리고 "마케팅에 흥미가 있어서", "상품 개발을 하고 싶어서"와 같은 이유를 드는 사람도 있습니다. 이러한 방향성은 좋은 편이지만, "상품 개발이 재미있어 보이고, 사람들에게 기쁨을 줄 수 있기 때문"과 같은 표면적인 내용에 그쳐서는 안 됩니다. 해당 분야에서 어떤 연구가 이루어지고 있는지 알아보고, 이를 깊이 있게 탐구해 나가야 합니다.

일본대학, 지망이유서로 결정된다

■ 과제로 삼을 만한 주제·경험과 학문과의 연관성

경영학·상학과 관련된 경험은 다양하게 존재합니다. 직접적인 경험이 많지 않더라도, 주변에 경영과 관련된 일을 하는 사람이 있는 경우가 많습니다. 인터뷰 등을 통해 정보를 수집하고, 연구하고 싶은 주제를 찾는 단서로 삼으세요.

주제·경험	대응되는 학문
경영과 관련된 텔레비전 프로그램	기업경영학, 국제경영학
일터 체험	기업경영학
학교 행사에서의 비즈니스 체험	기업경영학(경영관리론, 경영전략론 등)
동아리나 학교 활동을 통한 리더십 및 매니지먼트 경험	기업경영학(경영조직론, 개별관리론 등)
가족이나 친척의 회사 경영에 관한 정보	기업경영학(기업론, 마케팅론 등), 회계학
지역 활성화와 경영의 관계	기업경영학(시장조사론 등), 회계학

■ 경영학·상학과 관련된 직업

경제학과 더불어 이른바 "활용도가 높은 학부"로 불리며, 다양한 직종을 선택할 수 있습니다. 또한, 독립하여 창업을 시도하는 사람들도 있습니다. 물론, 공인회계사나 세무사와 같은 자격증을 취득하여 커리어 발전을 목표로 하는 사람도 있습니다.

은행·증권·보험 등 금융 기업, 상사·유통·제조업체, 경영자, 공인회계사, 세무사, 중소기업진단사, 공무원, 학교 교원, 연구원

■ 학문소개

경영학·상학에서는 기업, 지방자치단체, NPO 등 다양한 조직을 운영하는 방법을 연구합니다. 종종 경영학·상학과 경제학을 혼동하여 언급하는 경우가 있으니 주의해야 합니다.

학문	내용	대표적인 강의
기업 경영학	기업 경영의 방식에 대해 연구한다. 국경을 넘는 사업 활동과 국제 경영의 변화, 중요성을 배운다.	- **생산관리론**: 생산 계획과 품질 관리 등 기업 활동에서의 생산 관리를 배운다. - **산업조직론**: 시장 경제와 기업 행동을 연구하며 산업 조직의 문제를 고찰한다. - **마케팅론**: 기업이 상품을 어떻게 기획하고 판매하는지를 연구한다. - **시장조사론**: 시장 조사의 역할을 배운다.
국제 경영학	기업의 회계에 대해 연구한다.	- **국제경영론**: 해외 시장에 진출하는 전략과 국제적인 경영 관리에 대해 배운다. - **국제금융론**: 국제수지의 기초 지식을 배우고 국제 금융시장의 현황을 파악한다.
회계학	자산, 부채, 연간 손익을 기록하고 전달하는 방법을 탐구한다.	- **경영재무론**: 기업의 자금 조달과 운용에 대해 연구한다. - **관리회계론**: 회계 데이터를 기업의 이익 향상을 위해 활용하는 방법을 배운다. - **금융론**: 시장 경제에서 화폐와 금융의 역할을 배운다.

■ 추천도서 소개(* 일본 내에서 판매되는 도서들입니다)

비즈니스 최전선에서 활약하는 경영자의 자서전에만 치우치지 않도록, 경영학이나 상학을 학문으로 다루는 서적을 선택하도록 합시다.

『マーケティングを学ぶ』石井淳蔵 (ちくま新書)
선진적인 기업의 사례를 고찰하며, 앞으로의 마케팅 방향을 제시한 실천적 입문서이다. 영업과 판촉의 역할 차이를 구체적인 예를 통해 알기 쉽게 설명하고 있다. 이시이 씨는 경영학, 마케팅론을 전공한 상학 박사이다. 저서로는 『営業が変わる―顧客関係のマネジメント』등이 있다.

『なぜ、あの会社は儲かるのか?』山田英夫・山根節 (日経ビジネス人文庫)
제국호텔과 도요코인의 이익률 사이를 들헤, 고급 업태아 저가 업태 중 "어느 쪽이 더 수익이 높은가?"와 같은 소박한 의문을 제시한다. 여기서 잘 알려진 기업들을 예로 들어 설명을 쉽게 풀어 가며 이야기를 전개하고 있다. 야마다 씨와 야마네 씨 모두 경영학자이다.

『会計学入門』桜井久勝 (日経文庫)
처음 회계를 배우는 사람을 대상으로 회계학의 기초를 망라한 입문서이다. 회계와 관련된 기본적인 의문에 답하는 동시에, 그 이유를 사상적 배경까지 깊이 파고들어 설명하고 있다. 사쿠라이 씨는 재무회계본 전문가이다.

사회학

[Point]
폭넓은 대상 중에서 연구 분야를 좁혀 나가자.

[Before]

　マスメディアは私たちに大きな影響を与えている。私はテレビ番組に携わる仕事に就き、情報を発信する役割を担いたい。そして、マスメディアについての研究を社会学の立場から行いたい。

　私は、子どもの頃からドラマやバラエティー番組を見てきた。特にマスメディアに関心を持ったのは、□□テレビ局が放送した「△△」という番組でプロデューサーやディレクターの仕事を見たからだ。ディレクターなのに芸能人よりも目立った行動や言動をしたり、画面に芸能人を映さずに風景ばかりを流したりする斬新な手法に驚いたものだ。その体験を振り返ると、いかに番組を興味深いものにするか工夫を凝らしていたり、常に新しい番組作りを行おうとしていたりする姿勢に共感するものがあった。テレビ番組といえば予定調和で終わるものや、他の番組を真似した企画ばかりで私は辟易していた。しかし、一方でそうしたテレビ界の常識を覆す作り手も現れていることには希望が持てた。彼らの仕事は前述のような華やかなものばかりではないが、テレビ番組の現場に関わり、視聴者が望む番組作りをしていることに、私はおもしろさを感じた。インターネットが普及した今日において、テレビはコンテンツとして古さを感じるようになった。だが、まだ可能性はあると思っている。

　こうしたテレビ番組を制作するための力を身につけるには、業界に明るい人との人脈作りや就職に力を入れている大学に進学しなければならない。○○大学社会学部社会学科では、就職部が主催するマスコミ講座を通してそうしたテレビ制作の現場に携わる人と交流ができる。また、マスコミ各社への就職に強いことで有名である。貴学への進学は、私の夢の実現には欠かせない。4年間の学びを通して、マスコミ業界について多くのことを体感し、研究を進めていきたい。そして、将来は就職戦線を勝ち抜き、テレビ局の一員として、自分ができることをやっていきたい。

문 제 점

✗ 사회학 분야에서 무엇을 연구하고 싶은지 알수 없다.

K(연구)의 결여

✗ 연구를 지망한 이유가 불명확하다.

D(동기)의 결여

✗ 학교를 연구 기관으로 인식하지 않고 있습니다.

S(선택)의 불명확

매스미디어를 대상으로 연구하고 싶다는 점은 전달되지만, 무엇을 어떻게 연구하고 싶은지는 알 수 없습니다.

텔레비전 제작의 재미나 텔레비전의 가능성에 대한 이야기로만 끝나고 있어, 왜 사회학 분야의 연구를 지망하게 되었는지가 전달되지 않습니다.

매스미디어 업계 취업을 의식한 나머지, 지망 학교에서 무엇을 배우고 싶은지가 전달되지 않습니다.

--개 선 점--

- 매스미디어에 대해 어떤 연구를 하고 싶은지 명확히 밝힌다.
- 매스미디어 연구를 지망하게 된 동기를 서술한다.
- 지망 학교를 매스미디어 연구의 장으로 인식한다.

--[After]--

　「笑い」は私たちにとって、欠かせないものである。毎日の活力の源は「笑い」である、といっても過言ではない。私は、こうした「笑い」のメカニズムを解き明かし、人々とのコミュニケーションを豊かにするための一助となる研究をしていきたい。[1]

　私は関西出身ゆえに、常に「笑い」が身の回りにあった。昨今では過激な発言や行動で「笑い」を取ろうとするタレントが多いが、私はそうしたことで笑えない。しかし、吉本新喜劇は大声をあげて笑ってしまう。私のこれまでの経験を思い返すと、仲間内では笑えても他者には笑ってもらえない場合や、吉本新喜劇のようにいつも同じことをするのに笑ってしまう場合があった。このことから、話し手と聞き手の関係が親密であればあるほど「笑い」は促されるし、話し手が聞き手の期待に応えることで「笑い」が起こりやすいのだと考えられる。つまり、「笑い」のツボが人によって異なるのではなく、話し手と聞き手の関係性が「笑い」に影響を与えると推測する。

　そこで、私は「笑い」と両者の関係を解き明かすことができれば、「笑い」の創出を促せるのではないか、と考えた。[2]笑うことは免疫力を高め、ストレスを軽減する効果があり、健康維持や体調の改善に役立つといわれている。私は「笑い」を通して社会に貢献し、多くの人々に喜びを生み出していきたい[2]と考えている。

　そのためには、「笑い」を取り巻く人間関係を社会学的に分析するとともに、人々に起こる心理や行動を検証することが必要だ。○○大学社会学部社会学科には、社会の問題を臨床の場で検証するカリキュラムが備わっており、特にマスメディアの現場での実習もできるのが魅力的だ。[3]また、社会心理学やマスコミュニケーションを研究する先生方に、「笑い」のメカニズム解明に際してアドバイスを受けられることも期待している。私は貴学で「笑い」のモデルを導き、実際のコミュニケーションの場において、また、コンテンツ作りにおいて活かすことができるように精進していきたいと考えている。

[1] O 무엇을 연구하고 싶은지 명확함.	[2] O 연구과제를 정한 동기가 명확함.	[3] O 지망 학교를 선택한 이유가 명확함.
K(연구)의 명확함	**D(동기)의 명확함**	**S(선택)의 명확함**
커뮤니케이션 활성화를 목적으로 "웃음"의 메커니즘을 연구하고 싶다는 점이 명확히 서술되어 있습니다.	말하는 사람과 듣는 사람의 인간관계가 "웃음"의 창출에 영향을 미친다는 점을 언급하며, 연구의 중요성을 정리하고 있습니다.	"웃음"의 메커니즘을 밝히기 위해 지망 학교로의 진학이 반드시 필요하다는 점을 언급하고 있습니다.

※유학생의 경우, 왜 일본으로 유학을 선택했는지 자신만의 이야기를 추가하세요.

칸자키 어드바이스

사회학 계열 학부·학과의 지망자들은 종종 매스미디어 업계 취업을 의식한 내용을 작성하는 경우가 많습니다. "텔레비전 프로그램을 만들고 싶다", "잡지 편집을 하고 싶다"와 같은 내용이 대표적입니다. 그러나 이러한 서술은 "매스미디어에 입사하고 싶다면 다른 학부에서도 가능하지 않나?", "잡지 편집이라면 문학부 일본문학과 진학을 고려해 보는 것이 어떻겠는가?"와 같은 반론을 불러올 수 있습니다.

매스미디어에 관심이 있다면, 매스커뮤니케이션학이나 사회심리학 등 사회학의 다양한 분야에 흥미와 관심을 느끼는 것이 자연스러운 일입니다. 사회학의 연구 주제를 다시 한번 명확히 설정해 보아야 합니다.

사회학부에서는 연애, 유행, 왕따, 범죄, 차별 등 다양한 주제를 연구 대상으로 삼습니다. 또한, 환경, 교육, 가족, 농촌 등에서 발생하는 문제도 사회학의 연구 대상이 되기에, 연구 주제를 선택하는 데 있어 큰 어려움은 없을 것입니다. 그러나 사회적 현상을 설명하는 데에만 그치고 연구 동기를 제대로 전달하지 못하는 경우가 종종 발생합니다. 이를 피하기 위해 사회학 연구를 지망하게 된 동기를 명확히 설명하도록 신경 써야 합니다.

또한, 하나의 현상이라도 다양한 접근 방식으로 연구할 수 있다는 점이 사회학의 매력이지만, 동시에 연구의 초점이 흐려지기 쉬운 이유이기도 합니다. 연구의 출발점을 명확히 정한 뒤, 이를 기반으로 논지를 전개하는 것이 좋습니다.

일본대학, 지망이유서로 결정된다

■ 과제로 삼을 만한 주제·경험과 학문과의 연관성

사람과 사람의 관계를 탐구하는 것이 사회학의 목적입니다. 따라서 여러 사람이 관계를 맺는 일이라면 사회학의 연구 대상이 됩니다. 사회 문제에 국한되지 않고, 학교생활 등에서 자신에게 영향을 준 사례를 떠올리며 연구 동기를 생각해 보세요.

주제·경험	대응되는 학문
사회 문제와 관련된 뉴스 (왕따, 범죄, 차별, 환경 문제, 젠더 등)	응용사회학(가족사회학, 교육사회학, 범죄사회학, 환경사회학, 정치사회학, 젠더 사회학 등)
미디이외 관련된 경혐	응용사회학(미디어 커뮤니케이션학, 정보사회학 등)
학교생활과 관련된 경험 (친구 관계, 동아리 활동, 학생회 등)	응용사회학(커뮤니케이션론, 스포츠사회학, 교육사회학 등)
봉사활동	응용사회학(지역사회학, 도시사회학, 농촌사회학 등)
독서	이론사회학

■ 사회학과 관련된 직업

사회학이 다루는 범위는 매우 넓기 때문에, 직업의 신택 폭이 넓다는 점이 특징입니다. 사회학을 적극적으로 활용할 수 있는 분야로는 광고나 마케팅이 있습니다. 또한, 매스미디어 업계를 지원하는 사람들도 있지만, 경쟁이 치열한 편입니다.

매스미디어 업게, 민간 기업, 조사 회사, 학교 교원, 연구원

■ 학문소개

사회학은 일반적으로 사회 전반에 공통되는 원리를 도출하려는 이론사회학과, 특정 분야를 다루는 응용사회학으로 나눌 수 있습니다. 사회학이 대상으로 하는 영역은 폭넓으며, 응용사회학의 종류가 다양하다는 점이 특징입니다.

학문	내용	대표적인 강의
이론 사회학	사회학 이론을 연구한다. 사회학의 학사(學史), 이론, 학설을 대상으로 한다.	- **사회학사 · 사회학이론**: 사회학 이론과 그 역사적 변천을 연구한다. - **사회조사법**: 사회조사의 방법 등을 배운다. - **계량사회학**: 사람들의 행동 양식을 데이터로 파악하여 사회 현상을 탐구하는 방법을 연구한다.
응용 사회학	사회학 이론을 바탕으로 사회 문제의 구체적인 해결 방법을 탐구한다.	- **가족사회학**: 사회적 상황 등에 따라 변화하는 가족을 사회학적으로 분석한다. - **도시사회학**: 도시의 구조와 기능을 사회학적으로 해명한다. - **지역사회학**: 지역사회의 변화와 구체적 과제를 연구한다. - **커뮤니티론**: 지역 커뮤니티의 형태와 기능을 연구한다. - **매스미디어사회학**: 매스미디어를 통한 커뮤니케이션을 연구한다. - **재난사회학**: 사회학적 지식을 재난 현장에서 응용하는 방법을 연구한다.

■ 추천도서 소개(* 일본 내에서 판매되는 도서들입니다)

먼저, 아래에 소개된 사회학에 관한 입문서를 읽고 학문의 전체적인 모습을 파악해 보세요. 그리고 연구 대상으로 삼고 싶은 사항에 대해 어떤 접근 방식으로 연구하고 싶은지 생각해 보세요.

『社会学入門一人間と社会の未来』見田宗介 (岩波新書)
사회학을 "배우는" 것만이 아니라, 사회학을 "살아가는" 가능성까지도 제시하는 책이다. 현대 일본 사회 자체의 특징을 부각시키려 하고 있다. 미타 씨는 사회학자이며, 저서로는 『まなざしの地獄—尽きなく生きることの社会学』,『現代日本の感覚と思想』등이 있다.

『世界がわかる宗教社会学入門』橋爪大三郎(ちくま文庫)
종교는 문화와 가치관의 골격이며, 때로는 분쟁의 원인이 되기도 한다. 종교를 알지 못하면, 세계 사람들을 이해하는 것은 불가능하다고 할 수 있을 것이다. 이 책에서는 세계의 종교를 이해하기 위한 기초적인 내용이 담겨 있다. 하시즈메 씨는 사회학자이며, 저서로는 『橋爪大三郎の社会学講義』등이 있다.

『メディアと日本人』橋元良明 (岩波書店)
신문, 전화, 텔레비전, 인터넷을 일본인들이 어떻게 받아들이고 발전시켜 왔는지에 대한 역사를 추적하면서, 주요 미디어의 이용 실태를 밝혀내고 있다. 또한, 이른바 "독서이탈"이 실제로 일어나고 있는지에 대한 검증과, "디지털 네이티브"라고 불리는 젊은 층의 정보 행동의 실상을 파헤치고 있다.

스포츠과학·체육학

[Point]
"체육 교사가 되고 싶다"라는 목표뿐만 아니라, 체육학 연구
를 어떻게 활용할 것인지도 함께 생각해 보자.

────────────────────[Before]────────────────────

　私は幼い頃から小学校教員になりたいと思っていました。小学校の時、非常に生徒思いの先生に出会い、いつも励まされていたことを思い出します。いつかは私も教員になり、明るく元気に多くの子どもを励ましたい。そして、学校での「親」のような存在として、胸を張れるような人物に成長したいです。特に体育が好きなので、体育に力を入れて、子どもたちの体力をつけていきたいです。

　中学2年生の時、職業体験で小学校へ行く機会がありました。教員の仕事について調べ、小学生と触れ合ったところ、やりがいのある仕事だと思い、ますます教員になりたくなりました。ただ、気になったのは、休み時間に外に遊びに行かない子どもが多くいたことです。体育の時間だけで運動は十分とはいえません。その日は私が子どもたちを連れて、外へ遊びに行きました。最初は鬼ごっこ、その後はかくれんぼをしました。宝探しもやりました。サッカーやバスケットボールにも参加しました。運動が好きではない子どもたちも、手を貸せば楽しんで遊んでくれるものです。きっと、そういう行動に出ることで、子どもの運動不足を解消できるに違いありません。運動に関する知識と、子どもたちのための指導を行おうという信念を備え、明るく元気にふるまえば、子どもたちは生き生きと学校生活を営むことができます。私はその核となるものを磨きたいです。

　私は大学でスポーツ科学を学び、小学校教諭の免許を取りたいです。そのために○○大学体育学部体育学科を志望しました。「スポーツ学概論」という授業で幅広く基礎を学びたいです。そして、子どもたちにその基礎を教えてあげたいです。もちろん、幅広い知識や教養を身につけ、子どもたちが元気に生きていけるように、体育の大切さを伝えていきたいです。スポーツは楽しいものだということを発信できれば、子どもたちも楽しんでくれるに違いありません。そのための知識と実践力を貴学で学び、子どもたちを輝かせる教員となって活躍したいです。

X 대학에서 하고싶은 연구가 애매하다.
K(연구)의 결여

초등학교 교사가 되고 싶다는 것은 알겠지만, 어떤 연구를 하고 싶은지 알 수 없습니다.

X 연구를 지망한 이유가 불명확하다.
D(동기)의 결여

초등학교 교사가 되고 싶다고 생각한 동기는 전달되지만, 스포츠학 연구를 지망한 동기는 알 수 없습니다.

X 학교를 선택한 이유가 명확하지 않다.
S(선택)의 불명확

교원 자격증을 취득하고 싶다는 이유가 주로 제시되어 있으며, 왜 지망 학교를 선택했는지가 설명되지 않았습니다.

─────────────────────────개 선 점─────────────────────────

- 스포츠 과학 분야에서 연구하고 싶은 내용을 명확히 한다.
- 체육학 연구를 지망하게 된 동기를 분명히 제시한다.
- 수많은 체육학부 중에서 왜 지망한 학교를 선택했는지 설명한다.

─────────────────────────[After]─────────────────────────

　現在の子どもたちは体を動かす機会が少なくなり、それが子どもの体力が低下する要因のひとつとなっている。子どもたちの体力向上を目的として、私は運動遊び、つまり子どもたちが体を動かして日常的に行う遊びを体力向上に活かす研究・開発をしていきたい。[1]

　そもそも、私が運動と社会のつながりについて強く意識するようになったのは、地元のスポーツ大会の開催を通して子どもの体力向上を考えた時からである。しかし、短期的視点のイベント開催だけでは、子どもの継続的な体力向上は望めないと考える。[2]また、全国の学校では「運動の日常化」として様々な取り組みを実施しているが、継続的な取り組みとして機能しているかは疑問だ。[2]

　私はこの現状を踏まえ、「運動遊び開発プロジェクト」を提案する。まず、子どもの運動の状況を把握し、鍛えるべき筋肉や運動量を割り出す。そして、それを満たす運動遊びを開発し、学校現場の中で実際に継続して取り組んでもらう。その結果を分析し、運動遊びの改良や新たな遊びの開発に活かす。将来的には、運動遊びをライブラリ化することも目指す。多くの子どもが楽しんで運動する機会を増やすことは、子どもの体力向上のみならず、将来の生活習慣病予防にも役立つであろう。このように、子どもの運動に関する研究は、非常に重要だと考える。

　そのためには、体力向上に効果的な運動遊びを研究する場が必要である。その場として私は、体育学に関する最先端の研究を進めている○○大学体育学部体育学科が最適だと考えている。たとえば、子どもの発達段階に応じた体力向上プログラム作成の専門家、筋力測定の研究や人間工学のスペシャリストの指導が受けられる。[3]子どもが運動遊びを行う時の筋力を把握し、時にはアスリートが持つ技を体力向上の研究に用いることもできる。将来は私の研究の成果を全世界へ広め、運動遊びを通して体力を培った子どもたちを生み出す担い手となりたいと考えている。

1 O 무엇을 연구하고 싶은지 명확함.	**2** O 연구과제를 정한 동기가 명확함.	**3** O 지망 학교를 선택한 이유가 명확함.
K(연구)의 명확함	**D(동기)의 명확함**	**S(선택)의 명확함**
아이들의 운동 부족을 해소하기 위한 목적으로 운동 놀이 연구를 하고 싶다는 의지가 명확하게 드러나 있습니다.	스포츠 이벤트의 문제점에 주목하면서, 체육학 연구를 왜 지망하게 되었는지가 잘 전달되고 있습니다.	운동 놀이 연구의 장소로서, 지원한 학교가 최적임을 언급하며 글을 마무리하고 있습니다.

※유학생의 경우, 왜 일본으로 유학을 선택했는지 자신만의 이야기를 추가하세요.

━━━━━칸자키 어드바이스━━━━━

스포츠 과학·체육학 계통의 지원 동기서에서 자주 보이는 것은 "체육 교사가 되고 싶다", "인스트럭터가 되고 싶다"라고 서술하는 경우입니다. 그리고 각각의 직업을 목표로 하게 된 동기를 언급하며, 그 일에 대한 보람이나 열정을 이야기하는 것이 전형적인 예입니다. 하지만 "체육학부가 아니더라도 교육학부도 괜찮지 않았을까", "인스트럭터라면 전문학교도 괜찮지 않았을까"라는 반론이 있을 수 있습니다. 먼저 대학에서 연구하고 싶은 내용을 명확히 하고, 그 연구 결과를 교사나 인스트럭터로서 활용하고 싶다는 흐름으로 서술하는 것이 좋습니다.

또한 "축구를 계속하고 싶다", "배구를 깊이 배우고 싶다" 등, 대학에서도 특정 스포츠를 계속하고 싶다는 주장을 전개하는 사람도 있습니다. 대부분 그 스포츠의 즐거움을 동기로 언급하지만, 이것만으로는 대학을 연구의 장으로 인식하고 있다고 보이기 어렵습니다. 해당 스포츠의 능력을 향상시키는 데 있어 어떤 과제가 있는지 명확히 하고, 그 해결 방법으로서 스포츠 과학·체육학의 어떤 분야가 가장 적합한지를 고민해야 합니다. 그 후에, 대학에서 연구하고 싶은 주제를 정해 보세요.

■ 과제로 삼을 만한 주제·경험과 학문과의 연관성

스포츠 경험은 스포츠 과학이나 체육학의 학문과 쉽게 연결할 수 있습니다. 기술 향상에 초점을 맞춘다면 스포츠 운동학, 정신적인 측면이라면 스포츠 심리학, 부상으로 인한 재활 경험이라면 스포츠 의학 등이 적합할 것입니다.

주제·경험	대응되는 학문
스포츠를 한 경험	스포츠 과학, 트레이닝 과학
스포츠를 관람한 경험	스포츠 과학, 트레이닝 과학
학교의 스포츠 테스트	스포츠 과학, 트레이닝 과학
스포츠와 관련된 문제(도핑, 올림픽 유치 등)	스포츠 과학, 응용 스포츠 과학 (스포츠 윤리학 등)
스포츠를 통한 지역 공헌, 자원봉사	스포츠 과학, 응용 스포츠 과학 (스포츠 경영학 등)

■ 스포츠과학·체육학과 관련된 직업

스포츠 현장에 관련된 직업이 많은 편입니다. 선수로서 활약하는 것뿐만 아니라, 지도자로서 후신을 양성하거나 스포츠 비즈니스를 담당하는 사람도 있습니다.

스포츠 선수, 지도자·트레이너, 스포츠 저널리스트, 스포츠 비즈니스에 종사하는 기업, 학교 교사, 연구원

■ 학문소개

스포츠 과학 · 체육학 분야에서는 말할 것도 없이 스포츠를 연구 대상으로 삼고 있습니다. 스포츠 과학이나 트레이닝 과학을 비롯해 다양한 분야가 존재합니다.

학문	내용	대표적인 강의
스포츠 과학	스포츠를 연구 대상으로 하는 과학. 스포츠 과학의 이론과 학설을 대상으로 한다.	- **스포츠 철학**: 스포츠에서 발생하는 여러 문제를 철학적인 접근으로 파악한다. - **체육 심리학**: 경기나 연습에서 발생하는 심리 현상을 연구한다. - **스포츠 의학**: 스포츠 선수의 신체 능력 강화 방법이나 부상 예방 및 치료 방법을 연구한다.
응용 스포츠 과학	스포츠 과학에서 얻은 이론을 바탕으로, 여러 문제의 구체적인 해결 방법을 모색한다.	- **스포츠 레저론**: 레저 활동으로서의 스포츠를 연구 대상으로 한다. - **스포츠 매니지먼트론**: 스포츠 단체나 기업의 경영 방법을 연구한다.
트레이닝 과학	스포츠 트레이닝을 과학적인 시각으로 연구한다. 바이오메카닉스, 생리학, 영양학, 심리학, 교육학 등의 분야의 연구도 포함된다.	- **코칭론**: 경기력 향상이라는 목표 달성을 촉진하는 코칭 방법을 배운다. - **트레이닝론**: 트레이닝의 원리와 원칙, 실천 방법을 연구한다. - **스포츠 교육학**: 스포츠를 지도 · 교육하는 방법을 연구한다.

일본대학, 지망이유서로 결정된다

운동선수의 자서전이나 전기만 읽지 말고, 스포츠 과학·체육학에 관한 서적도 읽어 봅시다. 그리고 자신의 스포츠 경험과 비교하면서, 스포츠 과학이나 체육학에서의 문제점이나 과제를 찾아봅시다.

『スポーツ科学の教科書』谷本道哉 編著、石井直方 監修 (岩波ジニア新書)

스포츠 과학의 기초 지식을 해설한 책입니다. 운동생리학, 기능해부학, 건강과학 등 다양한 학문 영역에서 스포츠 현장에서의 의문에 답하고 있습니다. 감수자인 이시이 씨와 편저자인 타니모토 씨는 근육 연구의 전문가입니다.

『〈勝負脳〉の鍛え方』林成之 (講談社現代新書)

"승부뇌"란 승부에서 이기기 위한 전략을 세우는 지능을 의미하며, 저자의 조어입니다. 스포츠를 예로 들어, "승부뇌"를 단련하고 활용하는 방법이 서술되어 있습니다. 하야시 씨는 뇌신경과 전문의로, 뇌사 직전 환자의 생명을 구한 '뇌저온요법'으로 세계적으로 알려져 있습니다. 저서로는 『困難に打ち克つ「脳とこころ」の法則』등이 있습니다.

『女子大生が立ち上げたプロスポーツのビジネス戦略ストーリー』渡辺保 (日刊スポーツ出版社)

스포츠 매니지먼트를 배우는 여대생이 프로스포츠의 비즈니스 모델에 도전하는 이야기를 그린 소설입니다. 스포츠 경영학의 기초를 배울 수 있는 한 권으로, 스포츠 비즈니스의 개요를 이해하면서 새로운 비즈니스를 창출하는 과정을 보여 줍니다. 와타나베 씨는 경영학 전문가로, 저서로는 『ビジネス計数の基礎』등이 있습니다.

---[Before]---

　私は将来、歴史的な事実を解明したい。そして、歴史学をもっと身近なものにしていきたいと考えている。

　そう考えたきっかけは、私が中学生の頃に安土桃山時代に興味を持ったことにある。武将たちの行動や武器、陣形にはすべて策略がある。それらから戦国武将がどのような思いを持っていたのか、読み取るおもしろさは計り知れない。たとえば桶狭間の戦いの直前に家臣へ述べた織田信長の言葉は興味深い。「分捕りはなすべからず。討ち捨てになすべし。目的は全軍勝利あるのみ。勝てばこの場にいる者は全員末代まで尾張の国の英雄として語り継がれるであろうぞ」という言葉の意図を考えると、非常におもしろい。それまで自らの成果を認めてもらう時には、討ち取った者の首を取らなければならなかった。しかし、兵士の数が今川軍よりも劣っていた織田軍にはその行為が勝利の足かせとなる。そこで、織田信長は今川義元を討つことに目的を絞る作戦を取った。目先の利益にとらわれることなく、より高い目標を掲げ、家臣たちの価値観を変えたのである。こうした人心掌握術は、織田信長の戦略を読み取ることで見出せる。歴史的な事柄を暗記するという学び方では、こうしたおもしろさはきっと見出せないだろう。多くの人のこうした好奇心は、さらなる探求心につながる。歴史学を学べば、さらに詳しいことがわかるだろう。

　そのためには、日本の歴史を知り、歴史の謎を解き明かすための力を身につけなければならない。○○大学文学部史学科ではそうした力を身につけられる。貴学では歴史的な文化財の調査をする授業が行われている。カリキュラムも充実しており、歴史を読み取る力が身につく。また、資料館が充実しており、歴史を探るにはよい環境が整っている。将来は大学で歴史を解き明かすための研究をして、歴史学の知識を深めていきたい。そして、多くの人に歴史の楽しさを味わってもらいたいと考えている。

---------------------------------------문 제 점---------------------------------------

X 대학에서 하고 싶은 연구를 확실히 표현하지 않았다.

K(연구)의 결여

X 연구를 지망한 이유가 불명확하다.

D(동기)의 결여

X 학교를 선택한 이유가 명확하지 않다.

S(선택)의 불명확

「역사적인 사실을 밝히고 싶다」고는 말하고 있지만, 시대나 대상이 구체적이지 않습니다.	오케하자마 전투를 예로 들어 역사를 해석하는 재미를 전하고 있지만, 연구를 지망하는 동기로서는 부족합니다.	어느 대학에서도 배울 수 있을 것 같은 점을 이유로 들고 있으며, 왜 꼭 지원한 대학이어야 하는지가 전달되지 않습니다.

------------------------------개 선 점------------------------------

- 역사학 분야에서 연구하고 싶은 인물이나 시대, 사건을 명확히 합니다.
- 왜 역사학 연구를 지망하는지 동기를 밝힙니다.
- 지원한 대학을 고집하는 이유를 설명합니다.

[After]

　戦国時代の武将の生き方は個性的であり、現代においても多くの人々に示唆を与えている。しかし、彼らに関する説の中には客観性に乏しいものもある。私はこうした説を一から検証し、特に史料が格段に少ない織田期の政治史を研究の対象としたい。[1]

　私は安土桃山時代、特に織田信長に興味を持っているが、疑問に思っている点がある。それは明智光秀が本能寺を襲撃した理由である。光秀が信長に恨みを抱いたからという説、光秀が天下に対する野望を持っていたからという説、光秀を動かす黒幕がいたという説、信長と土佐の長宗我部氏の対立が原因だという説、土岐氏滅亡の危機を救うためだという説など、現状においても複数の説がある。このように、説が定まらないのはなぜなのだろうか。それらを考えるために読んでいた様々な書物の中で興味深かったのは、研究姿勢である。歴史研究では軍記物のような創作物を史料と混同することや、戦国武将を公人として捉えないこと、わずかな情報のみで説を出そうとする姿勢が見え隠れする。つまり、歴史研究の客観性が問われているのである。自由な発想は肯定するが、しかるべき検討をせずに一説を流布するのは好ましいとはいえない。歴史的な事柄を客観的な立場から史実をもとに解き明かす[2]ことが、戦国史の研究を志している私のすべきことではないかと考えている。

　そのためには、戦国史を文献だけでなく、発掘・遺跡からの情報を加えて分析する能力や研究環境が必要だ。○○大学文学部史学科を志望したのは、歴史的な文化財の調査方法が学べる授業やフィールドワークをはじめとした授業が充実している[3]ことが魅力的だったからだ。そして、日本中世後期の研究を積極的に行う△△教授のもとで、戦国時代の混乱期における武将の活動を整理し、歴史を紐解いていきたい[3]と考えている。将来は研究者として歴史を解き明かし、日本の歴史を客観性のあるものにする一員として邁進したい。

[1]O 무엇을 연구하고 싶은지 명확함.	[2]O 연구과제를 정한 동기가 명확함.	[3]O 지망 학교를 선택한 이유가 명확함.
K(연구)의 명확함	**D(동기)의 명확함**	**S(선택)의 명확함**
織田期의 정치사를 검증하고자 하는 의도와 그 목적이 잘 전달됩니다.	역사 연구의 객관성을 유지할 필요가 있다는 점을 연구를 지망하게 된 동기로 서술하고 있습니다.	수업 내용과 소속 교수진의 연구 내용을 바탕으로, 지원 학교를 선택한 이유를 서술하고 있습니다.

※유학생의 경우, 왜 일본으로 유학을 선택했는지 자신만의 이야기를 추가하세요.

─칸자키 어드바이스─

역사학 계열 학부·학과를 지망하는 수험생들은 역사에 대한 흥미와 탐구심이 풍부합니다. 하지만 "역사의 즐거움을 전하고 싶다"는 목적을 내세우는 경우가 너무 많다는 점이 우려됩니다. 읽는 사람에게는 진부한 표현으로 비칠 수 있으며, 좋은 인상을 주지 못할 수 있습니다. "역사학 탐구를 통해 역사학계에 공헌하고 싶다"와 같이, 역사학의 발전에 기여하고자 하는 방향으로 결론을 맺는 등의 고민이 필요합니다.

또한 동기를 서술할 때, 역사학의 재미에 대해서만 장황하게 설명하는 경우도 자주 보입니다. 중요한 것은, 자신이 연구하려는 주제가 왜 중요하고 주목해야 하는지를 설명하는 것입니다. 역사적 사건을 접했을 때 느낀 의문점이나, 역사학 연구에서 현재 논의되고 있는 과제를 정리하고, 그 원인 분석과 해결 방법을 역사학의 관점에서 고민해 봅시다.

또한 사회과·지리역사과 교사를 목표로 하는 경우도 많으며, "교사가 되고 싶다"는 주제로 논지를 전개하는 사례도 보입니다. 그러나 이 경우 "교육학부에 진학하는 것이 더 낫지 않을까?"라는 반론이 제기될 수 있습니다. 어디까지나 역사학 연구를 위해 대학에 진학한다는 목적을 중심으로 삼아, 지원 동기를 구성해야 합니다.

■ 과제로 삼을 만한 주제·경험과 학문과의 연관성

독서나 학교 수업을 경험으로 내세우는 사람이 많은 것 같습니다. 또한 지역에 따라서는 학교에서 지역의 역사를 배우는 경우도 있으며, 이를 더 깊이 파고들어 논의하는 사람도 있습니다.

주제·경험	대응되는 학문
독서	일본사, 외국사, 문화사, 종교사
고등학교 세계사 수업	외국사, 문화사, 종교사
고등학교 일본사 수업	일본사, 문화사, 종교사
국내외 수학여행 및 가족여행 등	일본사, 외국사, 문화사, 종교사
지역의 역사	일본사, 문화사, 종교사

■ 역사학과 관련된 직업

학교 교사나 박물관 학예사 등, 역사학을 살릴 수 있는 직업이 있습니다. 다만, 경쟁이 치열하기 때문에 일반 기업에 취직하는 사람이 많은 편입니다. 대학원에서 연구를 계속하는 사람도 있습니다.

학교 교사, 박물관 학예사, 사서, 민간 기업, 연구원

■ 학문소개

일본사, 서양사, 동양사 등 대상이 되는 지역이나 국가에 따라 분류할 수 있습니다. 또한, 정치사, 경제사, 교역사, 문화사, 종교사 등 주제별로 나누기도 합니다.

학문	내용	대표적인 강의
일본사	사료를 수집하고 분석하여 일본의 역사상을 구성하고 연구합니다.	- **일본사상사**: 일본인의 사상 역사를 연구함. - **지역문화론**: 지역의 역사를 연구함. - **일본정치사**: 일본 정치의 변천을 연구함.
외국사	여러 나라의 역사를 연구 대상으로 삼습니다.	- **서양정치사**: 서양 정치의 변천을 연구함. - **동양경제사**: 동양 경제의 변천을 연구함.
문화사	사상, 종교, 예술, 문학 등 좁은 의미의 "문화"뿐 아니라, 정치, 경제, 나아가 일상생활에 이르기까지 인간의 모든 활동을 대상으로 하여 연구합니다.	- **민속학**: 지역의 생활 문화를 통해 현대 문화의 형성 등을 해명함. - **문화인류학**: 전 세계 민족 집단의 문화와 사회를 연구함.
종교사	기독교뿐만 아니라 불교, 이슬람교 등 모든 종교 현상을 연구합니다.	- **종교사상론**: 기독교, 불교, 다양한 신흥 종교 등의 정신과 사상을 학습함. - **지역종교학**: 종교가 뿌리내린 지역과 그 지역의 문화를 연구함.

일본대학, 지망이유서로 결정된다

■ 추천도서 소개(* 일본 내에서 판매되는 도서들입니다)

역사적인 인물에 관한 서적을 읽을 때, 사실에 근거한 것인지 여부(허구가 포함되어 있는지 여부)를 반드시 확인해 두세요. 또한 아래에는 역사학자가 집필한 서적을 소개했습니다. 학자의 시각도 참고가 될 것입니다.

『境界をまたぐ人びと』村井章介 (山川出版社)
에조, 당인, 류큐인, 왜구 등 다양한 이름으로 불렸던 "경계를 넘는 사람들"의 모습과 활동을 그린다. 이를 통해 현대의 영토 분쟁 해결 방안을 모색하며, 국경을 넘는 바다 세계의 부활을 주장하고 있다. 무라이 씨는 역사학자이다.

『日本の誕生』吉田孝 (岩波新書)
「일본」이라는 명칭이 언제 생겨났는지, 「야마토」, 「왜」와 「일본」의 차이는 무엇인지에 대해 설명한다. 이 책은 일본 국가 성립 과정을 시작으로, 역사 전개를 따라가며 해설하고 있다. 요시다 씨는 일본 고대사 전문 역사학자이다.

『日本の歴史をよみなおす』網野善彦(筑摩書房)
이 책은 남북조 동란기인 14세기의 사건을 통해 새로운 일본사상의 재구성에 도전하고 있다. 고등학교 교과서에는 쓰여 있지 않은, 밝고 어두운 면 모두를 포함한 생생한 일본의 모습을 엿볼 수 있는 한 권이다. 아미노 씨는 일본 중세사 전공의 역사학자이며, 2004년에 별세했다. 저서로는 『歴史を考えるヒント』등이 있다.

관광학

[Point]
"관광 관련 일을 하고 싶다"라는 목표에만 그치지 말고, 관광을 학문으로서 바라보자.

-----------------[Before]-----------------

　ホテルマンは、様々な年齢・性別・国籍を持つお客様が求めるサービスを提供する仕事である。私はおもてなしの心を持ってお客様と向き合い、満足してもらえるような仕事をして、旅の思い出を演出するホテルマンになりたい。

　私は幼い頃から家族と旅行によく出かけていた。ある年の旅行で出会ったホテルのスタッフの姿を、今でもよく覚えている。私たちがホテルに着いた時からさわやかな笑顔で出迎えてくれて、部屋に案内される時も率先して荷物を持ってくれたし、部屋に着いた時も設備や避難経路を紹介してくれた。食事の時もサポートしてくれ、近くの観光地も案内してくれた。不思議と、ホテルのスタッフ全員が親切でやさしい。こうしたやさしさは人々に安心を与えてくれる。彼らが直接、旅を楽しいものにするわけではない。しかし、彼らの支えによって楽しい旅になるのだ。私も思い出と笑顔を残すような仕事に就きたいと考えるようになった。ホテルマンの仕事は、お客様に喜んでもらえ、それが自分にとって励みになるような仕事である。だから、私はおもてなしができるホテルマンになりたいと思っている。

　そのためには、コミュニケーション能力を養い、ホテルのサービスについて学ぶ必要がある。○○大学観光学部観光学科では、観光に関わる仕事が体験できるプログラムやインターンシップが盛んに行われている。また、海外からの観光客に向けた対応として、ネイティブによる英語の授業がある。現場で起こる課題とともに、ホテルマンに欠かせない能力がわかり、どういうホテルマンになればよいのかが理解できるだろう。このように、ホテルの仕事が理解できる環境が備わっているのが貴学なのである。

　将来はホテルマンとして活躍したい。お客様が満足するサービスを提供することを第一に考え、人々の幸せづくりの役に立ちたい。そのために、自分もしっかりと勉強し、力を身につけられるように頑張っていきたい。

-----------------문 제 점-----------------

X 대학에서 하고 싶은 연구가 명확하지 않다.	**X** 연구를 지망한 이유가 불명확하다.	**X** 학교를 선택한 이유가 명확하지 않다.
K(연구)의 결여	**D(동기)의 결여**	**S(선택)의 불명확**

호텔맨이 되고 싶은 것은 알겠지만, 대학에서 무엇을 연구하고 싶은지는 알 수 없습니다.

호텔맨을 동경하게 된 경위는 잘 전달되지만, 왜 관광학 연구를 지망하게 되었는지는 전해지지 않습니다.

호텔맨이 되기 위한 학습에 대해서는 언급하고 있지만, 지망하는 대학을 연구기관으로서 인식한 서술이 없습니다.

---개 선 점---

- 관광학 분야에서 무엇을 연구하고 싶은지 분명히 밝힙니다.
- 관광학 연구를 지망하는 이유를 제시합니다.
- 해당 학교를 선택한 이유를 확실히 설명합니다.

---[After]---

　様々な年齢・性別・国籍の人々が共通して求めるサービスは、ホスピタリティ、つまり、おもてなしの心である。私はホスピタリティの要素を解明して世の中に広め、人々がよりよいサービスを受けられるようにしていきたい。[1]

　私がホスピタリティについて興味を持ったのは、家族旅行の際にホテルスタッフの姿を見た[2]ことからである。その時のことを振り返って、私たちに安心を与えてくれる要素とは何なのかと考えた。それは、サービスする側と受ける側の相互の良好な関係性に他ならない。客が宿泊料を支払い、ホテル側はきれいな部屋とおいしい食事を提供する、ただそれだけの関係ではない。スタッフは宿泊客の内なる要望を満たすために、宿泊客を観察し、時には積極的に対話する。その情報をもとに、自らができる最大限の対応をする。そういう精神性が客に安心感と満足感を与えるし、これらは宿泊業を問わず、サービス業全般で求められるものではないか。しかし、そうした精神性を育む仕組みは、理論化や数値化をしているわけではなく、企業や組織が持つ社風や理念に委ねられるところも大きい。これを統計学や心理学によってモデル化できれば、宿泊施設のサービス改善だけでなく、様々な業種にも応用できるのではないか。[2]

　そのためには、観光産業におけるホスピタリティの要素を分析してモデル化する能力とともに、その成果を活用する場が必要だ。○○大学観光学部観光学科では、経営学や観光学の基本や調査法を段階的に学べるカリキュラムが備わっている。[3]それとともに、観光に関わる人々を有効な資源として捉え、<u>人材育成や活用法について研究できるゼミナールもある。</u>[3] さらに、観光に関わる仕事が体験できるプログラムやインターンシップも盛んに行われている。将来は、ホスピタリティをサービス業のあらゆるところに広めていきたい。そして、お客様が満足するサービスを提供することを第一に考え、人々の幸せづくりの役に立てるように頑張っていきたい。

[1] **O** 무엇을 연구하고 싶은지 명확함.	[2] **O** 연구과제를 정한 동기가 명확함.	[3] **O** 지망 학교를 선택한 이유가 명확함.
K(연구)의 명확함	**D(동기)의 명확함**	**S(선택)의 명확함**
호스피탈리티의 요소를 밝히고 싶다는 의지가 명확하게 전해집니다.	자신의 숙박 경험을 바탕으로 호스피탈리티 연구의 중요성을 설명하고 있습니다.	호스피탈리티 연구의 장소로서 지원한 학교가 적합하다는 점을 언급하고 있습니다.

※유학생의 경우, 왜 일본으로 유학을 선택했는지 자신만의 이야기를 추가하세요.

칸자키 어드바이스

관광학 계열 학부·학과를 선택하는 수험생의 대부분은 "여행을 좋아한다", "테마파크를 좋아한다"라는 지원 동기를 제시합니다. 그리고 "스태프들이 친절했기 때문에"라고 언급하며 추억을 길게 서술하는 것이 자주 있는 패턴입니다. 그러나 이러한 흐름만으로 지원 동기를 논하면 피상적이고 유치한 인상을 줍니다. 또한 "관광 업계에는 관심이 있는 것 같지만, 대학에서 무엇을 연구하고 싶은지 알 수 없다"라는 반론이 제기될 수 있습니다.

또한, 특정 직업에 종사하고 싶다는 이유를 들며 투어 콘덕터 등과의 만남을 감상문처럼 서술하는 경우도 있습니다. 그러나 이러한 내용은 발전성이 없기 때문에 고정관념적인 인상을 줍니다. 더 나아가 "접객업이라면 굳이 대학에 입학하지 않고 바로 취업하면 되지 않을까", "전문학교에 입학하는 편이 더 적합하지 않을까"라는 반론이 예상됩니다.

여행이나 놀이공원에서의 체험, 관광 업계 종사자들의 업무를 되돌아보고, 그 과정에서 발생한 과제나 문제를 탐구하며, 관광학 연구를 통해 어떻게 해결할 수 있을지 고민해 봅시다.

일본대학, 지망이유서로 결정된다

■ 과제로 삼을 만한 주제·경험과 학문과의 연관성

여행이나 테마파크에 간 경험을 바탕으로 하는 경우가 많습니다. 또한, 자신이 거주하는 지역에서 시행되고 있는 관광 정책이나 지역 활성화 노력 등을 주제로 이야기를 확장하기도 쉽습니다.

주제·경험	대응되는 학문
여행이나 테마파크에서의 경험	관광경영학
관광을 활용한 지역 활성화 사례 검토	관광경영학(관광사업론)
관광지 신규 개발(재개발) 뉴스	관광문화학(관광지리학), 관광경영학(관광정책론 등)
국가의 관광 관련 정책	관광문화학(관광시), 관광경영학
관광 관련 기업에서의 직업 체험	관광문화학, 관광경영학, 관광계획학

■ 관광학과 관련된 직업

관광 관련 기업에 취업하는 사람이 많은 편입니다. 또한, 여행업 취급 관리자, 호텔 실무 능력 검정과 같은 자격증을 취득하여 관광·레저 업계에서 활약하는 사람도 있습니다.

관광 관련 기업, 여행업 취급 관리자, 호텔 직원, 여행 가이드, 관광 가이드, 공무원, 연구원

■ 학문소개

관광학은 관광과 관련된 모든 것을 연구 대상으로 하기 때문에 경제학, 지리학, 사회학을 비롯해 문과와 이과를 막론하고 다양한 관점에서 연구가 진행되고 있습니다. 이른바 학제적(여러 영역에 걸쳐 있는 분야) 학문입니다.

학문	내용	대표적인 강의
관광 문화학	관광지의 역사, 풍토, 생활양식 등 문화를 관광자원으로 인식하기 위한 연구를 진행합니다.	- **관광지리학**: 관광을 지리학적 관점에서 이해함. - **일본관광사**: 일본 관광의 형성과 발전을 배우고, 일본 관광의 변천사를 살펴봄.
관광 경영학	경영학을 바탕으로 마케팅 및 호스피탈리티 관점에서 관광 산업의 경영 전략을 고찰합니다.	- **관광사업론**: 관광사업에 대한 지식을 심화하고, 관광개발의 이론과 방법을 학습함. - **여행산업경영론**: 국가 정책에서 여행 산업의 역할 등을 연구함. - **호스피탈리티·매니지먼트론**: 호스피탈리티 개념을 경영 기법에 활용하는 방법을 연구함.
관광 계획학	관광의 구상이나 관광지 계획을 연구 대상으로 합니다.	- **관광정책론**: 관광이 경제생활에서 수행하는 역할을 학습함. - **에코투어리즘론**: 자연과 문화를 보존하면서 관광을 실천하는 방법을 연구함.

일본대학, 지망이유서로 결정된다

■ 추천도서 소개(* 일본 내에서 판매되는 도서들입니다)

여기에서는 관광의 본질, 사람들의 관광에 대한 인식 변화, 관광 비즈니스의 방향성 등을 배울 수 있는 서적을 소개합니다. "관광은 즐겁다"는 시각에서 벗어나, 관광 비즈니스가 왜 주목받고 있는지에 대한 관점을 가져 봅시다.

『ニッポンの海外旅行―若者と観光メディアの50年史』山口誠 (ちくま新書)
일본의 해외 출국자 수는 1996년에 정점을 찍은 뒤 감소하는 경향을 보이고 있다. 이는 단순히 젊은이들의 변화만으로 원인을 설명하는 것이 아니라, "왜 해외가 젊은이들에게 매력적이지 않게 되었는가"라는 관점에서 해외여행 형태의 변화를 주목해 설명하고 있다.
야마구치 씨는 이 외에도 『グアムと日本人―戦争が埋立てた楽園』 등의 저서를 집필했다.

『旅行ノススメ― 昭和が生んだ庶民の「新文化」白幡洋三郎 (中公新書)
관광학이란 관광을 연구 대상으로 하는 학문이다. 관광의 본질은 여행자와 현지 주민이 서로 교류하는 데 있으며, 그 교류를 통해 새로운 생활문화가 탄생한다는 점을 이 책에서 읽어 낼 수 있다. 시라하타 씨는 농학 박사이며, 저서로는 『知らなきゃ恥ずかしい 日本文化』 등이 있다.

『メイド・イン・ジャパンからウエルカム・ツー・ジャパンへ』堀貞一郎 (プレジデント社)
이 책에서 저자는 단기적인 금선석 이익이 아닌, 일본 문화 자체를 관광 자원으로 바라보고, 장기석으로 "웰컴"할 수 있는 나라로 만들기 위해 무엇을 해야 하는지를 질문하고 있다. 호리 씨는 도쿄 디즈니랜드의 종합 프로듀서를 맡았으며, 저서로는 『人を集める』 등이 있다.

<table>
<tr><td></td><td colspan="2">

사회복지학

[Point]
"복지사"라는 관점을 넘어, 복지를 연구 대상으로 바라보자.
</td></tr>
</table>

--------------------------------[Before]--------------------------------

　人間としての尊厳を保ち、生活の改善を図るのが社会福祉の役割である。その担い手となるために、私は社会福祉士を目指している。

　そのように考えたのは、中学生の頃に見たテレビ番組の影響が大きい。団地で一人暮らしをする高齢者を支援するために、□□県では「一人暮らし高齢者等見守り支援事業」を行っているそうだ。社会福祉士が常駐し、住民や自治会、商店、民生委員などと連携しながら、高齢者の安否確認、相談への対応、買い物支援など、生活支援を実施している。テレビでは、社会福祉士をはじめとした訪問員が家まで足を運び、声をかけ、高齢者の話に耳を傾けていた。離れて暮らす家族と住みたいと願う人、足腰が弱って趣味のスポーツに参加できないことを悩む人、話しかけても対話をしたがらない人など、状況は多種多様である。そういう一人ひとりの話や態度をすべて受け入れ、最適な対応をしていく姿に共感し、私も社会福祉士になりたいと感じた。

　高齢化が進み、単独世帯が増えていくことは想像がつく。しかし、現状のままでは一人ひとりが求める支援が十分にできているとはいえない。□□県の支援事業も、行われている地域が限られているし、買い物支援と安否確認だけでは本当に高齢者の求める福祉サービスとは言い難いのではないか。福祉制度を変え、よりよい福祉制度を考えていくべきだ。

　こうした社会的弱者の支援をするには、市民一人ひとりの現状を理解することが重要となる。そのためには人の健康を保つための知識が必要だ。たとえば、社会福祉の知識を得て、最適なサービスを選ぶ力が必要だ。また、高齢者の対応のためには、医学の知識が欠かせないので、医学概論の講義が役立つ。海外留学プログラムに参加し、海外の社会福祉制度を参考にすることも考えている。私が社会福祉士になったら、社会的弱者の方々を勇気づけられるように頑張っていきたい。

--------------------------------문 제 점--------------------------------

✗ 대학에서 하고 싶은 연구가 명확하지 않다.	✗ 연구를 지망한 이유가 불명확하다.	✗ 학교를 선택한 이유가 명확하지 않다.
K(연구)의 결여	**D(동기)의 결여**	**S(선택)의 불명확**

사회복지사를 목표로 한다는 내용은 적혀 있지만, 대학에서 무엇을 연구하고 싶은지는 전해지지 않습니다.

혼자 사는 고령자에 대한 돌봄 지원에 대한 공감과 복지 제도 개선의 필요성은 논의하고 있지만, 동기가 분명하지 않습니다.

사회복지사가 되기 위한 학습에 대해서는 언급하고 있지만, 지원한 학교에서 어떻게 배울 수 있는지에 대한 설명이 없습니다.

---개 선 점---

- 사회복지학 분야에서 어떤 것을 연구하고 싶은지 명확히 밝힙니다.
- 그 연구가 왜 필요한지, 연구를 결심하게 된 동기를 설명합니다.
- 지망 학교를 선택한 이유를 "연구를 달성할 수 있다"는 취지로 서술합니다.

[After]

　今後、高齢化が進み、単独世帯が増えていくことは想像に難くない。しかし、現状のままでは支援が十分とはいえない。人間としての尊厳を保ち、高齢者の生活改善を図るため、高齢者を見守る方法を社会福祉学の視点から研究していきたい。[1]

　高齢者の孤立の原因は、高齢者本人と社会とのつながりの薄さにある。背景には、地域のコミュニティ機能の低下がある。その解消のためには行政の積極的な介入が必要だ。□□県では、団地で一人暮らしをする高齢者を支援するために、「一人暮らし高齢者等見守り支援事業」を行っている。社会福祉士、住民や自治会、商店、民生委員などと連携しながら、生活を支援する。しかし、財政面の問題から十分に提供できない地域もある。民生委員や地域住民も高齢化し、見守る側の負担が大きいことも問題だ。最近ではICTを活用した見守りシステムも開発されているが、プライバシー面の課題もあり、高齢者の尊厳を保つ運用方法を考える必要がある。[2]そこで、私は大学で見守りシステムのあり方を研究したいと考えている。高齢者の対応を家族や親族が丸抱えすることを防ぎ、負担を社会で分担することにつながる試みとして、これからの高齢化社会には必ず求められるものだと確信している。

　こうした研究をするには、地域福祉の現状を理解し、地域住民の特性を踏まえた支援の方法を考える能力が必要だ。○○大学社会福祉学部社会福祉学科を志望した最大の理由は、高齢者の社会的孤立を測定する方法を研究分野としている△△教授から、私が考える見守りシステムについての助言をいただけることにある。[3]もちろん、社会学と社会福祉学の観点から地域福祉について体系的に学べるカリキュラムが備わっている[3]ことも魅力的だ。私は社会福祉の担い手として高齢者を支え、高齢者の方々の生活の質を高めていきたいと強く願っている。

1 **O** 무엇을 연구하고 싶은지 명확함.

K(연구)의 명확함

고령자의 생활 개선을 도모하기 위해 고령자를 돌보는 방법을 연구하고자 하는 의도가 잘 전달됩니다.

2 **O** 연구과제를 정한 동기가 명확함.

D(동기)의 명확함

고령자 돌봄의 현황을 바탕으로 연구의 중요성을 확실히 설명하고 있습니다.

3 **O** 지망 학교를 선택한 이유가 명확함

S(선택)의 명확함

고령자 고립에 대해 연구하는 교원 존재와 커리큘럼을 바탕으로 지원 학교를 선택한 이유가 서술되어 있습니다.

※유학생의 경우, 왜 일본으로 유학을 선택했는지 자신만의 이야기를 추가하세요.

─────── 칸자키 어드바이스 ───────

사회복지학 계열 학부·학과를 지망하는 사람들은 "사람을 돕고 싶다"는 마음이 강하며, 그 목표를 이루기 위해 사회복지학을 공부하고자 하는 방향으로 글을 쓰는 경우가 많습니다. 그 자체는 좋은 일이지만, 사회적 약자가 처한 현실에 대해 길게 설명한 뒤, "어려움을 겪고 있는 사회적 약자를 돕고 싶어서 사회복지학을 지망했다"와 같이 감정과 열정만으로 지망 이유를 서술하는 사람들도 보입니다.

하지만 중요한 것은, 그 현실에 어떤 과제나 문제가 숨어 있는지, 사회복지학의 관점에서 어떻게 해결해야 하는지를 고민하는 데 있습니다. 이러한 과정을 거쳐야 비로소 자신이 연구하고 싶은 주제를 구체화할 수 있습니다.

또한, "사회복지사가 되고 싶다", "요양복지사 자격을 취득하고 싶다", "고령자를 지원하는 일을 하고 싶다" 등, 자격증이나 직업에 초점을 맞춰 서술하는 사람도 많은 것 같습니다. 그러나 "사회복지사가 되었을 때, 대학에서 배운 것을 어떻게 활용하고 싶은가?"라는 질문이나, "요양 관련 일을 하고 싶다면 홈헬퍼가 더 적합하지 않은가?", "전문학교에서도 충분하지 않은가?"라는 반론이 있을 수 있습니다.

사회복지학 분야에서 어떤 연구를 하고, 그 연구를 어떻게 실무에 활용할 것인지에 대해 한 번 고민해 볼 필요가 있습니다. 사회복지학은 고령자, 장애인, 아동, 모자(母子) 등 폭넓은 대상이 있으며, 전문 분야도 다양하기 때문에 연구할 분야를 구체적으로 좁히는 것이 중요합니다.

■ 과제로 삼을 만한 주제·경험과 학문과의 연관성

복지 시설에서의 직업 체험을 소재로 삼는 수험생도 많은 것 같습니다. 또한, 조부모님의 간병과 같은 친족의 사례를 들며 사회복지학의 필요성을 이야기하는 사람도 있습니다. 사회복지와 관련된 뉴스 사례를 언급하는 경우도 있습니다.

주제·경험	대응되는 학문
복지시설에서의 직업체험	복지임상학(고령자복지론, 장애인복지론 등)
치매·고령자 간병· 고령자의 고립·고령자 학대	복지임상학 (복지주거환경론, 지역복지론 등)
장애인 취업·자립 지원· 돌봄·차별	복지계획학, 복지임상학 (장애인복지론, 아동·가정복지론 등)
아동 학대	복지임상학(아동·가정복지론, 의료복지론 등)

■ 사회복지학과 관련된 직업

사회복지학의 학문을 살려 일하는 사람이 많은 것이 특징입니다. 복지의 최전선에서 활약하거나, 사회복지사·요양복지사·정신보건복지사 등의 자격을 취득하여 전문적인 일을 하기노 합니다.

복지 관련 기업, 사회복지사, 요양복지사, 정신보건복지사, 공무원, 양로원 직원, 아동상담소 직원, 소셜 워커, 케이스 워커, 학교 교원, 연구원

■ 학문소개

사회복지 이론·발달사·조사법과 같은 기초적인 분야와 고령자 복지·장애인 복지·아동 복지·의료 복지·지역 복지·사법 복지와 같은 전문 분야로 나눌 수 있습니다.

학문	내용	대표적인 강의
복지 계획학	복지 서비스에 관한 계획과 경영에 대해 연구한다.	- **복지경영학**: 복지에 관련된 단체나 기업의 매니지먼트에 대해 연구한다. - **사회복지정책론**: 연금제도 등 사회복지정책에 대해 연구한다. - **복지재정론**: 사회복지를 위한 재정에 대해 연구한다.
복지 임상학	사회복지의 임상적 측면 연구를 기본으로 하여, 특히 대인 지원 실천에 필요한 기초적인 역량을 기른다.	- **소셜워크론**: 사회문제를 복지의 힘으로 해결하는 방법을 배운다. - **아동·가정복지론**: 아동과 가정을 대상으로 하는 사회복지의 방향성을 연구한다. - **장애인복지론**: 장애인 복지의 이론, 지원 방법 및 기술을 연구한다. - **고령자복지론**: 고령자를 위한 사회복지의 방향성을 고민한다. - **의료복지론**: 의료복지 및 소셜 워커에 대해 연구한다.

■ 추천도서 소개(* 일본 내에서 판매되는 도서들입니다)

사회복지에 대해 배울 수 있는 서적을 소개하고 있습니다. 복지 업무에 대한 이해뿐만 아니라, 복지를 받는 사람들의 시각과 현재 복지 정책의 문제점을 이해해 두는 것이 좋습니다.

『持続可能な福祉社会―「もうひとつの日本」の構想』広井良典(ちくま新書)
일본의 사회복지의 방향성을 근본부터 재검토하기 위한 한 권의 책입니다. "지속 가능한 복지사회"를 실현하기 위해 필요한 사항들을 제언하고 있습니다. 히로이 씨는 공공정책 전문가로,『創造的福祉社会:「成長」後の社会構想と人間・地域・価値』등 다수의 저서를 집필했습니다.

『重い障害を生きるということ』高谷清 (岩波新書)
이 책에서는 무거운 장애를 안고 살아가는 사람이 "살아 있는 것이 불쌍한가?"라는 질문을 던지고 있습니다. "장애를 어떻게 바라볼 것인가"를 깊이 생각하게 만드는 한 권의 책입니다. 다카야 씨는 이 외에도『透明な鎖―障害者虐待はなぜ起こったか』,『はだかのいのち』등의 저서를 집필했습니다.

『ソーシャルワーカーという仕事』宮本節子(ちくまプリマー新書)
소셜 워커는 사회 속에서 자신의 위치를 잃어버린 사람들을 지원하고 성장시켜, 생활환경을 정비하는 일을 합니다. 저자는 소셜 워커로서 활동한 경험을 바탕으로 구체적인 사례를 들어 업무 내용과 가져야 할 자세에 대해 서술하고 있습니다. 그 외에도『フェミニズムと社会福祉政策』등의 저서가 있습니다.

<table>
<tr><td>지망이유서
작성예시⑯</td><td>

예술학

[Point]
"예술을 좋아한다"라는 표현보다는, 깊이 탐구하고 싶은 구체적인 내용을 제시하자.
</td></tr>
</table>

-----------------------------[Before]-----------------------------

　私は子どもの頃から芝居をやっており、高校では演劇部に所属していた。また、舞台をよく見ていた私にとって、舞台女優になることは憧れであった。私は大学で演劇について学び、舞台女優として活躍したい。

　一見、華やかな世界に見えるが、多くの苦労があって成り立っているのが演劇の世界である。役者は、与えられた設定に応じて演出側が求める役を演じきることが必要だ。脚本家がキャラクターを作り上げて台本にし、演出家はそれを解釈して役者に伝える。さらに音楽や照明、各種道具によって、演技を引き立てる。それぞれの立場で議論したり、対立したりすることもあるが、そうした壁を乗り越えてひとつの作品に仕立てる。しかし、演出や演技が本当に私たちの目指すところなのか、考えていることが適切なのか、迷うことが多くある。演劇のおもしろさはわかっているが、正しさはわからない。結局、部の中での議論や対立は、お互いが演劇に関して素人だから起こるのである。目的を共有するだけではよい演劇にはならない。演劇に関わるすべての人々が正しい知識を持ち、互いの意図が理解できるようにならなければ、観ている人に元気や勇気、感動を与えることはできない。

　私は、演劇を通して多くの人々に元気を与えたい。そのためには演劇の基礎から学び直し、刺激し合う仲間とともに学ぶ場所が必要だ。そして自分たちで演劇を作り上げる機会も欠かせない。○○大学芸術学部演劇学科では、そういったことがすべて行える。貴学の卒業公演を見に行った時、人々が協力して作り上げた作品だということが感じられた。舞台の基本も学べ、夢に向かうことができるのは他の大学ではなく、貴学である。

　将来は大学で演劇について学び、多くの人々に勇気を与えられる役者として活躍したい。時には様々な対立が起こることもあるだろう。しかし、よき演劇を作り上げるためには積極的に意見を交換し、演劇の知識を身につけるべきだと考えている。

-----------------------------문 제 점-----------------------------

X 대학에서 하고 싶은 연구가 명확하지 않다.

K(연구)의 결여

X 연구를 지망한 이유가 불명확하다.

D(동기)의 결여

X 학교를 선택한 이유가 명확하지 않다.

S(선택)의 불명확

일본대학, 지망이유서로 결정된다

연극에 대해 배우고 싶다고는 했지만, 구체적으로 무엇을 연구하고 싶은지 알 수 없습니다.

연극의 어려움과 배움의 중요성은 전달되지만, 왜 연극 연구를 지망하게 되었는지는 전해지지 않습니다.

다른 대학이 아닌 지원 학교에 진학하고자 하는 이유에서 독창성이 느껴지지 않습니다.

------------------------------개 선 점------------------------------

- 어떤 연극학 연구를 하고 싶은지 명확히 밝힌다.
- 연극학 연구를 결심한 동기를 설명한다.
- 연극학 연구를 수행함에 있어, 지원 학교가 왜 적합한지에 대해 서술한다.

------------------------------[After]------------------------------

　私は役者をやっている。役者というのは、脚本家や演出家が求める役を演じきることが求められる。だが、要求どおりに表現することは難しい。ましてや古典的な作品に取り組む時には、脚本家の意図を問うこともできない。私は大学で演劇作品の中に潜む脚本家の意図を探り、感情表現に活かす演技の研究に挑戦していきたい。[1]

　たとえば、悲しさを演じる時、その感情そのものを考えても、再現することはできない。再現しようとしても自然に演じることができないともいえる。過去に経験したことや発言したことをもとに、それを真似することはできるが、その経験がないと模倣すらできない。結局は、実験的に演じながら模索することになるが、古典的な作品に取り組む時にはそれすら難しい。たとえばシェイクスピアやモリエールの作品の場合、当時と現代の価値観にずれが生じ、当時の人々が抱いた感情を表現することは困難である。たしかに、そうした時に自分に起こり得る感情に置き換えて演じることはできる。しかし、それでは作品を正しく表現したことにはならない。それよりも、演出家が作品の意図を探りつつ、いかにその作品の時代に即した表現を行い、役者に伝えるのか、といったことを考えるべきだ。私は作品の正しい理解と表現のために、作品や脚本家の社会的・心理的・時代的背景を探り、演劇に活かしていきたい[2]と考えている。

　そのためには、演劇実習が充実しているだけでなく、演劇史や作品研究を行える場が必要だ。○○大学芸術学部演劇学科は、そういったことがすべて適う。舞台総合実習や演技実習が充実しているだけでなく、近代演劇史と演

出論を専門としている△△教授に、作品の解釈についての教えを乞える[3]の
が非常に魅力的である。舞台の基本も学べ、作品に真正面から向かい合うこ
とができるのは、他の大学ではなく貴学である。将来は大学で刺激し合う仲
間とともに学び、よい演劇を作り上げ、後世に伝えることができる役者とし
て活躍したい。

1 O 무엇을 연구하고 싶은지 명확함. **K(연구)의 명확함**	**2** O 연구과제를 정한 동기가 명확함. **D(동기)의 명확함**	**3** O 지망 학교를 선택한 이유가 명확함. **S(선택)의 명확함**
"각본가의 의도를 반영한 감정 표현 방법을 연구하고 싶다"는 의도가 잘 전달됩니다.	자신의 연기 경험을 바탕으로, 작품 연구의 성과를 반영한 연기의 필요성을 논의하고 있습니다.	연극 실습의 기회가 많을 뿐만 아니라, 작품 연구의 환경도 잘 갖추어져 있기 때문에 지원 학교를 선택한 이유가 잘 설명되고 있습니다.

※유학생의 경우, 왜 일본으로 유학을 선택했는지 자신만의 이야기를 추가하세요.

칸자키 어드바이스

예술학 계열 학부·학과를 지망하는 학생들 중 가장 많은 경우가 동아리 활동 경험을 동기로 삼는 경우입니다. 하지만 지원 이유를 서술할 때, 동아리 활동에서 겪은 어려움을 장황하게 설명하거나 "동료들이 있었기에 끝까지 노력할 수 있었다"와 같은 논점에서 벗어난 이야기를 하는 경우가 종종 있습니다. 또한, 동아리 활동의 즐거움을 이야기한 뒤 "사람들에게 꿈과 희망을 전하기 위해 예술학의 길로 나아가고 싶다"는 표면적인 내용으로 글을 마무리하는 수험생도 있습니다. 이러한 서술은 바람직하지 않습니다.

한편, "나는 그림을 좋아해서 디자인을 하고 싶다", "음악이 좋아서 음악학과를 지망했다"와 같이, 자신이 좋아하는 것을 추구하고 싶다는 취지로 서술하는 경우도 있습니다. 대부분은 그림이나 음악을 좋아하게 된 계기를 동기로 설명하지만, 이는 예술학이라는 학문을 연구하고자 하는 의지가 잘 드러나지 않습니다.

대학 측은 지원자가 예술학에 얼마나 깊은 관심을 가지고 있는지를 알고 싶어 합니다. 단순히 "좋아한다"는 수준에 머무르지 않고, 보다 발전적인 내용을 언급하는 것이 중요합니다. 예를 들어, 연극을 지망한다면 자신의 연기 경험에서 발견한 문제점을 제시하고, 연극학의 지식이나 연구를 통해 그 문제를 어떻게 해결할 수 있을지에 대해 설명하는 것이 좋습니다.

■ 과제로 삼을 만한 주제·경험과 학문과의 연관성

동아리 활동이나 취미를 출발점으로 삼아 동기를 깊이 파고드는 사람이 많은 것 같습니다. 이는 소재를 쉽게 끌어낼 수 있다는 특징이 있습니다. 또한, 학교 행사나 고등학교의 음악·미술 수업을 사례로 드는 경우도 있습니다.

주제·경험	대응되는 학문
동아리 활동(취주악부, 합창부, 연극부, 사진부, 방송부, 미술부 등)	음악학, 연극학, 영화학, 사진학, 방송학, 미술학
학교 행사(합창제, 문화제 등)	음악학, 연극학, 영화학, 사진학, 방송학, 미술학
고등학교 수업(음악, 미술)	음악학, 연극학, 미술학
자신의 취미나 학원 활동에 관한 것	음악학, 연극학, 영화학, 사진학, 방송학, 미술학, 건축학
오픈 캠퍼스에서의 모의 수업	음악학, 연극학, 영화학, 사진학, 방송학, 미술학

■ 예술학과 관련된 직업

전공하는 분야에 따라 취업하는 직업은 다릅니다. 미술학을 전공하면 미술 관련 직업에, 음악학을 전공하면 음악 관련 직업에 종사하는 사람이 많은 것 같습니다. 또한, 학교 교사를 시망하는 사람도 있습니다.

연주자, 음악 교실 강사, 악기 제조사, 화가, 조각가, 디자이너, 영상·광고·출판 관련 기업, 배우, 아나운서, 사진작가, 디렉터, 음향 믹서, 건축가, 학교 교원, 학예사, 연구원

■ 학문소개

음악학, 미술학, 방송학, 영화학 등 표현 방법의 차이에 따라 분류됩니다. 또한, 건축학과는 공학부에 설치되는 경우도 있지만, 예술학부에 속하는 경우도 있습니다.

학문	내용	대표적인 강의
음악학	악보와 전문 자료를 통해 음악, 소리, 음향에 관한 연구를 수행한다.	- **음악미학**: 음악의 특징과 감정과의 관계를 통해 음악적 아름다움을 연구한다. - **음향디자인론**: 음향 연출, 녹음, 무대 등의 음향 계획 수립 방법을 배운다.
미술학	일본화, 유화, 조각 등 순수예술에 관한 전문적인 연구를 진행한다.	- **미술사**: 미술 작품의 역사를 연구한다. - **조형표현**: 미술 작품을 제작하며 조형 표현의 본질을 연구한다.
방송학	텔레비전(영상), 라디오(음성) 등 방송과 관련된 이론을 배우고, 적절한 정보 문화를 발신하는 방법을 연구한다.	- **광고**: 정보 문화로서의 광고 이론을 배운다. - **방송음향론**: 텔레비전과 라디오에서의 효과음과 음성 등 음향에 대해 배운다.
영화학	영상 문화를 배우고, 영화 제작과 평론까지 영화와 관련된 지식을 익힌다.	- **영화사**: 영화의 역사를 연구한다. - **영화유통론**: 영화 제작에서 관람까지의 과정을 이해하고 영화 유통 전반을 파악한다.
건축학	인간 생활의 기반이 되는 주택과 다양한 건축물을 적절히 계획·설계·건설·유지 관리하는 방법을 연구한다.	- **건축의장학**: 건축물의 디자인을 배운다. - **도시설계론**: 도시 및 지역의 사회적 과제를 해결하기 위한 도시 설계를 연구한다.

■ 추천도서 소개(* 일본 내에서 판매되는 도서들입니다)

희망하는 전공 분야의 작품집이나 평론을 읽는 것뿐만 아니라, 연구자의
저서도 접하면서 예술이 어떤 관점에서 평가되고 있는지에 대한 시각도 함
께 갖추는 것이 좋습니다.

『美学への招待』佐々木健一(中公新書)
예술이 직면한 과제 또는 우리가 일상에서 느끼는 소박한 감상이나 의문을 단서로 풀
어내며, 미와 감성에 대한 사색의 즐거움으로 이끌어 준다. 사사키 씨는 미학·예술학
을 전공했으며, 저서로는『フランスを中心とする18世紀美学史の研究ーワトーから
モーツァルトへ』등이 있다.

『芸術回帰論ーイメージは世界をつなぐー』港千尋 (平凡社)
"분단"을 예술의 힘으로 다시 연결하자는 제안을 담은 한 권이다. 사진이라는 예술 작
품을 창조하는 행위가 과학과 예술을 연결하는 것과도 통한다는 점을 설명하고 있다.
생산과 소비 등 다양한 분야에서 과학 기술과 예술을 잇는 이미지의 힘을 탐구하며, 개
인과 공동체를 구원하는 방법을 모색하고 있다. 미나토 씨는 사진가이다.

『音楽の根源にあるもの』小泉文夫 (平凡社ライブラリー)
세계 각 민족이 가진 음악에는 이떤 공통점이 있는가를 탐구하며, 음악과 인간의 관계
를 새롭게 조망하는 한 권이다. 고이즈미 씨는 민속음악학자로, 1983년에 별세하였
다. 저서로는『呼吸する民俗音楽』등이 있다.

고고학

[Point]

왜 고고학에 집착하는지, 그 이유를 명확히 밝히자.

------------------------------[Before]------------------------------

　私は、小学校3年生の時から7年間習字を習っていた。先生は、作品を書く時の筆の使い方や止め、はねはもちろん、ひらがなや漢字の成り立ちや意味を理解させたり、楷書、行書、草書と様々な書体を生徒たちに書かせたりと、習字だけではなく文字の魅力についても教えてくれた。それゆえ、私は小さい頃から文字について人一倍興味を持っていた。私は、こうした文字をもとにして歴史を感じるために、考古学を学びたいと考えるようになった。

　中学の日本史の授業で、漢字は中国から伝わったこと、当時のことを知る貴重な史料として剣や木簡に漢字が使われていることなどを知った。私は、それらの史料から当時の生活の様子や習慣を詳しく知りたく、考古学について深く勉強していきたいと思い始めた。現在、発掘調査の手伝いをしており、発掘した出土品から当時の生活・文化・人々の思想などを読み取ったり、土器や木簡などを組み立てたり、修復したりしている。しかし、まだまだ謎の多いのが考古学だ。

　私は、日本では珍しい壁画古墳である高松塚古墳やキトラ古墳に興味がある。高松塚古墳の壁画が高句麗の古墳の影響を受けていることは、さらに興味深い。どちらも同じように、石室の天井に極彩色の星宿図や四神図などの美しい壁画が描かれているのだ。違うのは、高句麗の古墳の一部には被葬者の名前や築造年代が文字で記されているのに対し、日本では文字が一切用いられていない点である。文字に魅力を感じる私は、日本ではなぜ文字を使わなかったのかと疑問に思い、この謎にとても心が惹かれた。

　考古学は、実用的な学問ではないかもしれない。しかし、謎をひとつずつ解き明かしていくことは非常に重要だと思う。文明や科学の進歩があったからこそ、私たちの生活は豊かになってきたのだ。その足跡を探り、記録し、保存して、共に生きる人々が活用できるようにするために欠かせないのが、考古学だと考えている。

　考古学を学ぶ時、中でも貴重な史料を扱う時などは、神経を使ったり集中したりと、とても細かく繊細な作業が多い。たとえば、保管の時の湿度・温度の調整、発掘する時に素人では判断のつかないような地層の微妙な変化の見分け、木簡を保存する時の針葉樹と広葉樹の作業工程の違い、出土品を運ぶ時の持ち方、土器の色・破片の厚さを見分けながら自分の想像と知識で復元する作業などがある。これらは、非常に慎重かつ重要な作業である。

　貴学の総合人文学部では、教授の人数も他の大学と比べて充実しており、自分の得意な分野だけではなく、様々な分野も学ぶことができると思っている。また、大学内にある博物館では、重要文化財が多数展示されていたり、明日香村と連携事業をしていたり、高松塚古墳壁画再現展示室があったりと、考古学の研究に対してかなり力を入れていることがわかり、ぜひここで学びたいという気持ちになった。

　さらに貴学では、岐阜県の遺跡や沖縄県の久米島にある伊敷索城などを調査しているなど、私のやりたい発掘作業から土器を組み立てる作業まですべて学ぶことが可能である。充実した発掘調査をして、それらを活かし、より広く深い知識を身につけたいと考えている。

　貴学のある地域の大学では、考古学や発掘調査が盛んに行われており、自分の興味のある分野についてより深く調べることが可能だ。また、大学どうしの結びつきも強いため、他の大学の調査にも参加することができ、発掘に携わっている他大学の人たちと交流することもできる。同じ考古学を学んでいる人たちに刺激を受け、さらに自分の知識を深めていきたい。

　一言で「考古学」といっても範囲は広い。また、この分野での学びは様々な体験をするチャンスでもあると思う。たとえば、発掘する際に使用する大型機械や、測量・実測する際に使用する専門の機器を扱うこと、ほかには参考として外国語で書かれた海外の考古学資料を読むことなどだ。

　私は、高校で弓道部に所属していた。弓道では、たった1本で勝敗が決まる場合があり、「この1本は必ず決める」という気持ちで練習してきた。それゆえ、弓道で培ってきた集中力には自信がある。また、湿気や温度に弱い弓具を取り扱ってきた慎重さや丁寧さは、考古学でも活かせると思う。これらのことを最大限に活用し、多くのことを享受し、勉強でも人間的にも成長し、私の目標である学芸員になれるのは貴学であると信じ、ぜひ入学して思う存分頑張っていきたい。

---------------------------------------문제점---------------------------------------

X 대학에서 하고 싶은 연구가 명확하지 않다.

K(연구)의 결여

X 연구를 지망한 이유가 불명확하다.

D(동기)의 결어

X 학교를 선택한 이유가 명확하지 않다.

S(선택)의 불명확

문자에 대한 관심과 다카마쓰즈카 고분이나 키토라 고분에 대한 흥미는 전해지지만, 구체적으로 무엇을 연구하고 싶은지는 전달되지 않습니다.

고고학의 중요성과 필요한 능력은 전달되지만, 왜 고고학 연구를 지망하게 되었는지는 전해지지 않습니다.

연구하고 싶은 것이 명확하지 않기 때문에, 지원 학교를 선택한 이유가 타당한지 여부를 판단하기 어렵습니다.

---개 선 점---

- 어떤 고고학 연구를 하고 싶은지 명확히 밝힌다.
- 고고학 연구를 지망하게 된 동기를 설명한다.
- 고고학 연구를 수행하는 데 있어, 지원 학교가 왜 적합한지 논의한다.

---[After]---

　日本の古墳には被葬者や築造年代を記したものがない。古墳は故人の業績を後世に伝えるモニュメントの役割を持つにも関わらず、現代において古墳の被葬者を特定するためには、埋葬品や書物など、間接的なものから得ることが多く、明確に被葬者や築造年代がわかっている古墳は少ない。では、なぜ、日本の古墳にはこうした記述が文字で残されていないのだろうか。私は、この疑問を研究テーマに据えたい[1]。特に、近畿地方には奈良県高市郡明日香村にある高松塚古墳やキトラ古墳など、現在発掘作業を進めている古墳が多く存在する。文献による調査や専門の先生方からのご指導も重要だが、私はこうした古墳調査に積極的に参加し、検証を進めていきたい。そのためには、古墳発掘の専門家が多く所属し、歴史的資料や発掘作業による研究が推し進められる環境が欠かせない。また、飛鳥時代の文化と関連性の深い朝鮮文化をはじめ、比較のために他国の文化について研究することも必要である。貴学では、こうした学びとさらなる研究を進めることができると考え、○○大学文学部総合人文学科日本史・文化遺産学専修に志願した。

　私は幼い頃から恐竜や化石といったものに興味を持っていたが、古墳と文字との関係に興味や関心を抱いたのは、高校の日本史での学習がきっかけ[2]である。図説やパネルで見た高松塚古墳の「飛鳥美人」は、一般人にも馴染みがある壁画である。私は「飛鳥美人」や玄武、青龍といった四神が描かれている壁画を見た時、鮮やかな極彩色であることに衝撃を受けた。女性の着ている服のしわの線や、青龍の体にある鱗のタッチの美しさに目を奪われる一方で、ある疑問を抱いたのである。

　それは、「なぜ文字情報を用いなかったのか」ということである。高校の授業では、悪霊や災いを防ぐためなど、様々な役割を持っていた埴輪を古墳に置いたと学んだ。また、一般的に知られている墓は、墓石に被葬者の情報が文字によって示されていることが多い。高松塚古墳が築造された7世紀終わりから8世紀初めあたりは既に漢字も伝わってきているのに、高松塚古墳は埴輪や文字によって情報を残さなかった。それらの代わりに繊細で力強い壁画を残したのは、いったいなぜなのだろうか。

　私は、高松塚古墳やキトラ古墳は日本では珍しい壁画古墳であること、そして高松塚古墳の壁画は高句麗の古墳の壁画の影響を受けていることを手掛かりにして、高句麗古墳との関連性を文献調査によって探った。高句麗古墳群には、古墳が大小数万基あると推測され、そのうち約100基に色鮮やかな壁画が確認されている。古墳群にある63基が世界遺産に登録されているのだが、登録されている古墳の16基の石室の天井には、極彩色の星宿図や四神図などの美しい壁画が描かれている。また、一部は被葬者の名前や築造年代が文字で記されているものがあるという。しかしながら、日本の古墳でなぜ文字を用いなかったのかは不明なのである。

　私は小学校3年生の頃から習字を習い、文字による表現のおもしろさや奥深さを直に体感している。同じ墓であっても、ピラミッドでは象形文字を用いて情報を伝えようとしているのに、日本の古墳や高句麗古墳の大半は文字を使っていないのである。

　文字という表現手段があるにも関わらず、過去の朝鮮の人々も日本人も、文字ではなく絵画や埴輪で表現したのはなぜだろうか。私は、この疑問を解き明かしたいと考え、大学進学を決意した[2]のである。

　こうした研究を進めるには、日本と朝鮮の古墳の比較とともに、実際の古墳調査を研究に活かせる環境が必要である。その環境が整っているのが○○大学文学部総合人文学科である。たとえば、考古学の△△教授から、古墳の副葬品や絵画から社会構造や精神生活をどう読み解くべきかをご指導いただき、研究の一助とすることができる。また、明日香村との連携を通して、飛鳥文化における朝鮮文化の影響についての調査が可能である。さらには、高松塚古墳壁画再現展示室や、多くの重要文化財が展示・保管されている貴学の博物館に所属する先生方からも、助言を頂ける環境が整っている。ほかにも、朝鮮や中国との交流の歴史を研究するために、他の時代の文化を学べるシステムも存在する。[3]こうしたことから、貴学は私の研究を推し進めるためには最適な大学だと確信し、強く入学を希望している。

　私が進めたい研究では、日本文化や朝鮮文化において、文字がどう使われていたかの比較を行うことになる。もちろん、壁画古墳においても、日本と朝鮮の文化に差異が生まれる。この差異の分析を行うことにより、日本人独自の思想が明確になるのではないだろうか。この研究を通じて日本人の物の考え方、見方、捉え方についてより理解を深めていき、まだ多くの謎が解明されていない考古学の発展の一助となればと考えている。ぜひとも貴学の文学部総合人文学科日本史・文化遺産学専修に入学し、さらなる考古学の発展に向けて勉学に励みたい。

1 O 무엇을 연구하고 싶은지 명확함.	**2** O 연구과제를 정한 동기가 명확함.	**3** O 지망 학교를 선택한 이유가 명확함.
K(연구)의 명확함	**D(동기)의 명확함**	**S(선택)의 명확함**
일본의 고분에서 정보가 문자로 표시되지 않는 이유를 탐구하고 싶다는 주장이 명확하게 전달됩니다.	고등학교 일본사 수업을 계기로 의문점을 깊이 탐구하며 고찰하고, 연구를 지망하게 된 과정이 잘 전달됩니다.	지원한 대학이 연구를 수행하기에 최적의 장소라는 점을 세밀하게 설명하고 있습니다.

※유학생의 경우, 왜 일본으로 유학을 선택했는지 자신만의 이야기를 추가하세요.

━━━ 칸자키 어드바이스 ━━━

고고학 지원자들 중 많은 사람들이 발굴 작업에 대한 관심을 가지고 있습니다. 이때, "나는 꾸준히 노력하는 것이 강점이므로, 고고학 전공에 적합하다"와 같이, 성격이 고고학 연구에 맞는다는 점을 사례와 함께 설명하고 이를 지망 동기로 삼는 경우가 종종 보입니다. 그러나 이러한 방식으로는 왜 고고학을 지망하는지가 제대로 전달되지 않습니다.

고고학 연구를 통해 어떤 역사적 수수께끼를 해결하고 싶은지, 현재 그 수수께끼를 푸는 데 어떤 장애물이 있는지를 충분히 조사한 후 논의해야 합니다.

또한, 고분 발굴에 관심을 갖게 된 계기를 장황하게 설명한 뒤, "발굴은 힘든 작업이다. 그래서 나도 그 작업을 돕고 싶다"는 식으로, 발굴 자체에 대한 흥미에만 초점을 맞추는 경우도 있습니다. 중요한 것은 발굴을 통해 어떤 역사적 사실을 밝혀내고 싶은지를 명확히 하는 것입니다.

뿐만 아니라, 역사에 대한 관심을 강조하면서도 정작 고고학을 전공하려는 이유를 명확히 설명하지 못하는 경우도 있습니다. 이러한 지망 동기서에서는 "왜 고고학을 전공하고 싶은가?", "왜 유적이나 유물에 특별한 관심을 갖는가?"라는 질문을 받을 가능성이 큽니다. 유적이나 유물을 바탕으로 역사를 연구하는 의의와 의미를 분명히 설명하는 것이 중요합니다.

■ 과제로 삼을 만한 주제·경험과 학문과의 연관성

대부분의 경우, 고등학교 역사 수업이나 수학여행에서 유적을 견학한 경험을 바탕으로 고고학 연구를 지망하게 된 이유를 논하고 있습니다. 또한, 자료관이나 박물관 견학을 계기로 삼는 사람도 있습니다.

주제·경험	대응되는 학문
유적 발굴 체험	지진고고학, 산업고고학, 실험고고학, 전적고고학, 역사고고학
고등학교 일본사·세계사 수업 수학여행 경험 자료관 및 박물관 견학 오픈 캠퍼스에서의 모의 수업	해양고고학, 우주고고학(위성고고학), 지진고고학, 산업고고학, 실험고고학, 전적고고학, 역사고고학

■ 고고학과 관련된 직업

박물관의 학예원이나 연구자로서 발굴에 참여하는 사람도 있으며, 건설 공사 현장의 발굴 조사원이 되는 경우도 있습니다. 또한, 학교 교사가 되거나 연구자로서 고고학을 발전시키는 사람도 있습니다.

학예원, 공무원, 발굴 조사원, 학교 교사, 연구원

■ 학문소개

해양고고학, 우주고고학, 전적고고학과 같이 유물이 존재하는 장소에 따라 분류되거나, 지진고고학처럼 유물의 종류에 따라 분류되기도 합니다.

학문	내용	대표적인 강의
고고학	인류가 남긴 유물과 유적 등을 발굴하여, 인류의 활동과 그 변화에 대해 연구한다.	- **해양고고학**: 해저의 유물을 통해 과거 사람들의 생활을 탐구한다. - **우주고고학**: 인공위성을 활용한 지구 관측 기술을 이용하여 유물을 발굴·연구한다. - **지진고고학**: 지진 흔적 조사 및 사료 기록을 바탕으로 지진 발생 연대를 추적한다. - **산업고고학**: 산업 유산을 통해 당시의 기술을 탐구한다. - **야외고고학**: 발굴 조사를 수행하며 발굴 방법 및 출토 자료의 정리법 등을 학습한다. - **지역고고학**: 특정 지역의 역사적 사건을 고고학적 관점에서 분석한다. - **박물관 자료론**: 박물관 자료의 수집, 보관, 조사·연구 등의 업무에 대한 이론과 방법을 학습한다.

일본대학, 지망이유서로 결정된다

고고학자는 발굴된 자료를 바탕으로 역사를 탐구하고 있습니다. 그들이 어떤 분석을 수행하며, 역사를 어떻게 풀어 가는지를 서적을 통해 이해하는 것이 좋습니다.

『遺跡が語る日本人のくらし』佐原真(岩波ジニア新書)
우리의 생활문화는 언제 시작되었으며, 어떻게 발전해 왔는가. 저자가 전국 각지의 유적에서 발굴된 자료를 바탕으로 풍부한 상상력으로 풀어내고 있어, 고고학을 친근하게 느낄 수 있는 한 권이다. 사하라 씨는 나라문화재연구소와 역사민속박물관에서 요직을 역임한 고고학자로, 2002년 별세했다. 『考古学つれづれ草』, 『食の考古学』 등의 저서가 있다.

『王陵の考古学』都出比呂志(岩波新書)
일본의 전방후원분을 비롯하여 세계 각지의 왕릉을 매장 방식, 부장품, 제사 등을 포함하여 개관하며, 이러한 모뉴먼트가 등장한 역사적·사회적 배경을 밝히고 있다.
또한, 각각의 왕릉이 조성된 시대적 배경과 수행한 역할에 대해서도 고찰하고 있다. 都出氏는 고고학자로, 저서에 『古代国家はいつ成立したか』 등이 있다.

『地震考古学—遺跡が語る地震の歴史』寒川旭(中公新書)
생소한 "지진고고학"이라는 분야를 이해하는 데 유익한 한 권이다. 한카와 씨의 저서로는 『地震の日本史』, 『揺れる大地』 등이 있다.

종합정책학

[Before]

　人権とは、人間としての尊厳を尊重することだと考える。人はみな平等で、人間らしく生きる権利を持っている。理想、信念、希望、そして誇りを持って生きるということだ。ただ生物学的、動物的に生きていればよいというものではない。しかし実際には、個人の努力や能力では乗り越えられない差別に苦しむ人たちがいる。私は将来、政策担当者として、社会の隅に追いやられたり、不幸な生活を強いられたりしている人々の救済に尽力したい。そのために、学問領域にとらわれず、他学部の科目の履修が可能な貴学のシステムを活用し、問題の本質の発見、その解決方法について、幅広くかつ統合的に学習できる総合政策学部を志願する。

　私は中学の時、人権についての学習で「ハンセン病」を知り、さらに深く知りたいとの思いから、東村山市にある国立ハンセン病資料館を訪れた。本名を捨て、親子の縁さえ切って治療の名目で隔離されたそこでは、入院患者は囚人並みの扱いだったという。特に印象に残っているのは、園内結婚で妊娠した女性が中絶を強いられたという話だ。資料館で目にしたり耳にしたりした事実は、圧倒的な力で私に訴えかけてきた。なぜこんなにも、人間性を無視した過酷な生活を強いられなければならなかったのか。なぜ今も、偏見や差別に苦しまなければならないのか。胸を塞がれそうな思いで資料館を回るうちに、ひとつの希望を見出した。それは入居者同士の思いやりだ。親から離された幼い子どもたちに、大人が親のようにも教師のようにも接したという。また、杖をついて歩く人がぬかるみに足をとられないようにと、持ち金を出し合って敷石を買い、入居者自らが園内の道を整備したという話も聞いた。「ライ」「クサレ」と蔑まれる苦悩と絶望の中、人はこれほどまでに、人に優しくなれるのか。私はこの怒りと感動を作文にし、全国人権作文コンテストで県の奨励賞を受賞した。その後、この差別が近代化を急ぐ国家によって作り出されたものであることを知り、さらなる怒りを覚えるとともに、理不尽な差別をなくしたいと考えるようになった。

　私は地域トップの県立高校受験に失敗し、□□高校に入学した。入学当初は目標としていた県立高校への未練があり、テニスの試合に行ってもその高校の部員が羨ましく、劣等感を持っていた。しかし部での楽しい人間関係の中にいられたり、テニスでインターハイ出場といったよい戦績を出せたりするうちに、その思いは払拭され、今では□□高校が自分に最適だと思えるようになった。テニス中心の高校生活を送りながらも、勉強にも手を抜かず、部活動が休みになる定期試験前の1週間などは、睡眠時間4時間で必死に頑張り、恥ずかしくない成績を維持している。同じ場所であっても、努力によって自分が居心地よくいられる場所に変えられることを学んだ。

　しかし、世の中には個人では乗り越えられない差別の壁に泣く人々がいる。能力があり、努力する意欲があっても、就職差別により入口でのチャンスを奪われたら、力を発揮することができない。

　私は差別の本質を探り、現状を改善する政策を立案するため、コンピューターを使った様々なシミュレーションを研究の対象としたい。なぜこの研究かというと、トーマス・シェリングの理論Dynamic Models of Segregationを知り、さらに彼が現代のコンピューター を使って大規模に解析すれば社会の法則を見出すことができる、と言っていることに触発されたからだ。現代の差別という社会現象をモデル化し、コンピューターを用いて、このまま続いていけばどのような未来になるのかをシミュレーションしてみたい。また次の段階として、区別はあるが差別はない仮想社会をコンピューターの中に構築し、その社会の構成員たちが、たとえば災害や不況など様々な事象に対して、どのような動向をとるのかもシミュレーションしたい。これによって、シェリングが「隣人に対する寛容性、あるいは我慢の強弱に起因するもの」といった、差別の元ともいえる排他性や利己性・利他性を成立させる理由を推論できるのではないかと考える。さらに、こういった人間の合理性や組織性、社会的本能というものを目に見える形で示すことは、政策の立案に有効なのではないかと思っている。

　この研究を実現させるために、プログラミング言語や認知科学など、他学部の授業や研究会を大いに活用したい。また、何より△△教授の「モデリング・シミュレーション技法」「複雑系科学」をぜひとも学びたい。

　私は中学の時に持った純粋な怒りを大切にしたい。それは、自分が人間としてどういう生き方をするのか、といった軸になるものだからだ。ぶれない信念を持ち、必要な知識を学び、目標に向かう4年間を送りたい。この実現には、○○大学総合政策学部が最適であり、強く志願する。

— 개 선 점 —

- 종합정책학 분야에서 연구하고자 하는 내용을 서두에서 명확히 표현한다.
- 차별 문제를 시뮬레이션을 통해 밝히는 것이 왜 중요한지 설명한다.
- 차별 문제를 시뮬레이션 기법을 활용해 연구하는 데 있어, 지원한 대학이 왜 적합한지 논리적으로 서술한다.

[After]

　世の中には、障害者、外国人、非正規雇用者、女性、病人等の理由で排除や差別を受けている人たちがいる。私は将来、このような人たちをモデリング技術やコンピューターシミュレーションによって救済したい[1]と考えている。このために、学問領域にとらわれず問題の本質を発見し、その解決方法について、幅広く、かつ総合的に学習できる場を探してきた。○○大学総合政策学部はこうした学びに適していると考える。私は、自らの人権擁護に対する意識や大学で研究したいテーマを定めるにあたり、過去を振り返ることにした。その過程を以下に示したい。

　私が人権意識を持ち始めたのは、中学生の時に取り組んだハンセン病に関する研究であった[2]ことは、伝えておかなければならない。ハンセン病への誤解があり、国が隔離政策を取ったことは、よく知られるところである。たしかに、ハンセン病の感染に対する国民の理解不足や偏見、風評などという社会的背景があったことは否めない。しかし、なぜこれほど彼らの人間性を否定し続けなければならなかったのだろうか。なぜ彼らは社会的に制裁を受けなければならなかったのだろうか。これらを疑問に思い、そして怒りの感と心に誓った。その意思が多くの人々に伝わることを願ってまとめたのが、全国人権作文コンテストで△△県奨励賞を受賞した作文である。その時に抱いた不条理に対する怒りは、今でも収まっていない。この経験が、大学入学後も人権保護に関する活動を行いたいと願う強い動機になっている[2]ことは間違いない。

　その後私は、部員数100名を超すテニスの名門校で全国大会上位入賞を目標とする□□高校に進学した。進学後、持ち前の負けず嫌いに火がつき、テニス中心の高校生活を無我夢中で送り、人一倍の練習をこなした末、県優勝を果たした。しかしその一方で、私の中に「内なる差別意識」が存在することに気づいたのも、部活動においてである。テニスが強くなるにつれ、部活動での練習後のコート整備や移動の荷物運びはテニスの下手な者がやればよい、と思っている自分に気づいた。教室では普通に接する級友に対しても、そう思ったのである。

　中学の時にあれほど差別やいじめに嫌悪感を持っていた自分が、なんと傲慢に人を見下していたのか。そしてそれは私だけではなく、レギュラーを中心に、部内におそらく無意識に存在した内なる差別であったと思う。しかし、その差別が顕著に表面化することはなかった。それは、私の試合でのパートナーであり友人でもある部長が、人間関係を取り持ち、部員全員を尊重した言動をしており、さらに、自らが模範となって雑務をこなす姿を一貫して私たちに見せ続けていたということがあったからだ。多くの部員が彼を見習ったことが、部内のモラルを保つことにつながったのであろう。この時、自分自身の穢れた心に対して嫌悪感を抱く一方で、微小な一人の行動が仲間の行動を左右していたことに気づけたのは、私が大学で行おうとしている取り組みに対する大きな収穫であった。つまり、集団に所属する人間の行動が、集団内の構成員の意識を変えることにつながる、ということである。

　もちろん差別問題は法律によって大部分は抑制がなされている。しかし一掃はできていない。人は皆、内なる差別を抱えている。普段は理性によって抑えているが、何かの拍子に本人さえもが驚くほどの強い感情となって湧き上がることもある。私は、現在行われているような個々の差別問題に対して、現場で対処する試みも必要だとは思うが、なにより差別を表面化させない対策を立てることが重要ではないかと考える。[2]その鍵となるのが、集団内の指導者や政策担当者である。彼らが差別問題を適切に対処し、よりよい取り組みができるような支援を、モデリングシミュレーションを用いて行っていきたい。[2]

差別問題を解決するためのモデリングシミュレーションソフトの開発、それが大学で実現したいことである。学級内のいじめなど、まずは身近な差別問題をサンプルにして、小規模なシミュレーションを行うことから始め、精度を高めていきたい。将来的には、差別問題の政策立案に活用できるようなソフトを開発したい。この研究を実現させるためには、複雑な人間社会を把握すること、先人が開発したシミュレーションの分析と検討、新たなモデリングの開発、プログラミングや認知科学などが必要だ。貴学では、文理問わず開講されている授業や研究会が活用できる。[3]将来、自分が人間としてすべき生き方を実践するための場が、○○大学総合政策学部に揃っているので、ぜひ入学したい。

中学、そして高校時代に抱いた、社会や自分自身への怒りを純粋に解消したい。このぶれない軸を持ち続けることは、私の背負った使命である。

[1] O 무엇을 연구하고 싶은지 명확함.	[2] O 연구과제를 정한 동기가 명확함.	[3] O 지망 학교를 선택한 이유가 명확함.
K(연구)의 명확함	**D(동기)의 명확함**	**S(선택)의 명확함**
목적 의식을 명확히 하여, 차별 문제를 모델링 기법과 시뮬레이션 기술을 활용해 연구하고자 하는 의도가 잘 전달됩니다.	때때로 자기 어필을 섞어가며 경험을 소재로 활용하여, 차별 문제에 대한 높은 관심과 모델링 시뮬레이션을 활용한 연구의 필요성에 대해 서술하고 있습니다.	차별 문제를 모델링 시뮬레이션을 활용해 연구하기 위한 환경이 갖추어져 있다는 점이 잘 설명되어 있습니다.

※유학생의 경우, 왜 일본으로 유학을 선택했는지 자신만의 이야기를 추가하세요.

━━━━━━ 칸자키 어드바이스 ━━━━━━

종합정책학을 대표로 하는 학제 간(여러 학문 분야에 걸친) 학부·학과를 지망하는 수험생 중에는 "종합정책학부에서는 스포츠학을 연구할 수 있기 때문" 등 특정 학문만을 고집하며 지망 이유를 서술하는 경우가 있습니다. 그러나 하나의 분야만으로는 해결할 수 없는 과제를 여러 학문 분야의 지식을 활용하여 해결하기 위해 설립된 것이 학제 간 학부·학과이므로, 이러한 이유는 높은 평가를 받기 어렵습니다.

예를 들어, 앞서 언급한 바와 같이 주장한다면 "그렇다면 스포츠 관련 학부를 지망하면 되는 것이 아닌가?"라는 반론이 제기될 가능성이 있습니다. 따라서 하나의 분야만으로는 해결할 수 없지만, 여러 학문 분야를 융합하면 해결할 수 있는 문제라는 점을 지망이유서에서 명확히 제시할 필요가 있습니다.

■ 과제로 삼을 만한 주제·경험과 학문과의 연관성

사회에서 문제가 되거나 과제로 떠오른 사안을 다루어 봅시다. 본인에게 가까운 사안이 있다면 가장 좋겠지만, 없다면 과외 활동 등을 통해 사회적 과제를 찾아보는 것이 좋습니다. 또한, 실용 학문 지향이 강한 학부이므로, 지원자의 **자주성**과 **적극성**이 요구되는 경우가 많습니다. 단순히 독서나 인터넷에서 얻은 정보만을 근거로 지망 이유를 작성하는 것은 피하는 것이 바람직합니다.

주제·경험	대응되는 학문
사회 내 문제·과제(저출산·고령화, 고도 정보화 사회, 인구 감소, 지역 활성화, 글로벌화, 여성의 사회 진출 등)	사회 혁신, 정치학, 경영학, 주거학, 도시 정책, 국제 정책, 언어·문화 정책
자신의 취미와 관련된 경험	사회 혁신, 국제 정책, 언어·문화 정책
미디어와 관련된 경험	정보학, 미디어 사회학, 예술학
복사활동	사회 혁신, 정치학, 경영학, 주거학, 도시 정책, 국제 정책, 언어·문화 정책
유학 경험	국제 정책, 언어·문화 정책

■ 종합정책학과 관련된 직업

자신이 정한 연구 분야와 관련된 직업에 종사하는 경우가 많습니다. 공공

정책이나 지역 정책에 관심이 많은 사람은 공무원이나 NPO·NGO 직원이 되며, 비즈니스에 관심이 있는 사람은 민간 기업에 취업합니다. 그중에는 창업을 목표로 하는 사람도 있습니다.

국가 공무원, 유엔 직원, 국제 공무원, 저널리스트, NPO·NGO 직원, 지방 공무원, 민간 기업 직원, 비즈니스 컨설턴트, 애널리스트, 학교 교원, 연구원

■ 학문소개

아래에 기재된 학문 분야 외에도, 문·이과를 가리지 않고 다양한 학문을 종합정책학에서 다룹니다. 또한, 사회 문제를 종합적으로 해결하는 것을 목표로 하기 때문에 실용학문을 중시하는 내용으로 구성되어 있습니다.

학문	내용	대표적인 강의
사회 이노베이션	사회에 존재하는 다양한 요소를 결합하여 새로운 사고방식을 창출한다.	- **사회기업론**: 지역 문제 해결과 연결되는 창업 및 봉사 활동 등을 연구 - **벤처 비즈니스·NPO 경영론**: 창의적인 경영을 수행하는 중소기업에 대해 학습
국제 정책	국제 간 문제를 정책을 통해 해결하는 방법을 연구한다.	- **국제 무역론**: 경제 활동과 관련된 여러 문제를 이해하고, 대표적인 무역 이론을 고찰 - **국제 협력론**: 국제 협력 및 개발 원조의 실태를 이해하고, 향후 과제를 고찰
언어 문화 정책	다양한 사회 문제를 소통이라는 관점에서 분석한다.	- **이문화 커뮤니케이션론**: 이문화가 공존함으로써 발생하는 여러 문제를 고려하며, 문화에 대한 이해를 심화 - **비교 언어학**: 같은 계통으로 상호 관련성이 있는 언어를 비교하며 이해를 심화

도시 정책	정책을 통해 도시가 안고 있는 문제를 해결하는 방법을 연구한다.	- **도시 정책론**: 도시 정책적 문제를 어떤 이론으로 해결할 것인지 연구 - **정책 평가론**: 정책의 수립, 실행, 평가를 일체적으로 수행하며 효과적인 행정을 고찰

■ 추천도서 소개(* 일본 내에서 판매되는 도서들입니다)

책을 통해 어떤 사회적 과제가 있는지, 그 배경은 무엇인지, 이를 해결한 사례가 있는지를 깊이 탐구해 봅시다. 다양한 선행 사례를 알게 되면 사회 문제 해결을 위한 아이디어를 찾는 데 많은 도움이 될 것입니다.

『希望格差社会』山田昌弘(ちくま文庫)

이 책에서는, 미래에 희망을 가지는 사람과 절망하는 사람이 나뉘는 사회를 "희망 격차 사회"라고 설명하고 있다. 종합정책학을 공부하며 무엇을 할 수 있을지, 무엇을 해야 하는지를 생각하는 계기를 제공하는 한 권이다. 야마다 씨는 사회학자로, 저서로는 『少子化社会―もうひとつの格差のゆくえ』등이 있다.

『ソーシャルデザイン50の方法―あなたが世界を変えるとき』今一生(中公新書ラクレ)

이 책은 사회에 숨겨진 문제를 해결하는 소셜 비즈니스 사례를 소개하고 있다. 환경 보호, 복지, 재해 피해자 지원 등 다양한 성공 사례가 풍부하게 담겨 있어, 사회적 기업가를 목표로 하는 사람들에게 많은 힌트를 제공해 준다.

『世界を変える人たち―社会起業家たちの勇気とアイデアの力』
デービッド・ボーンスタイン著・井上英之監修・有賀裕子訳(ダイヤモンド社)

격차 사회로 인해 발생하는 사회 문제를 비즈니스를 통해 해결하는 사람들을 사회적 기업가라고 부른다. 이 책에서는 다양한 아이디어를 바탕으로 의료, 복지, 환경 보호, 교육 분야에서 성과를 내고 있는 사회적 기업가들을 다루고 있다.

지정 대학교 추천이나 경쟁률이 낮은 AO 입시, 자기 추천 입시를 응시할 경우, 지원 동기서에서 "KDS 법칙"을 충실히 따르기만 해도 대부분 합격할 수 있습니다. 그러나 국공립대학이나 명문 사립대학의 AO입시나 자기 추천 입시에 응시할 경우에는 그렇지 않습니다. 경쟁률이 높고, 상위권 대학일수록 지원자의 수준도 올라가기 때문에, 자연스럽게 지원 동기서의 질도 높아집니다. 따라서 그에 맞는 대비가 필요합니다. 심사를 통과하기 위해서는 다른 지원자들보다 뛰어난 지원 동기서를 제출해야 합니다.

그 핵심 포인트는 "최신 연구에 대한 이해", "연구의 중요성 어필", "지도 교수와의 매칭" 이 세 가지입니다.

이를 고려할 때, 국립정보학연구소가 운영하는 '※ CiNii - 일본 논문 검색'(http://ci.nii.ac.jp/) 사이트를 활용하는 것이 좋습니다. 이 사이트에서는 학회 등이 발행한 학술지나 논문을 키워드나 저자명으로 검색할 수 있으며, CiNii 내에서 무료로 공개된 논문이라면 PDF로 읽을 수 있습니다. 비공개 논문이라도 사이트에 기재된 정보를 바탕으로 도서관에서 직접 찾아볼 수 있으며, 이를 통해 경쟁자와 차별화된 『성공적인』 지원 동기서를 작성할 수 있을 것입니다.

꼭 짚어야 할 3가지 포인트

K 연구
당신이 전공하려는 분야의 최신 연구를 이해하자.

D 동기
전공 분야 이외에서도 활용할 수 있는 연구임을 설명하자.

S 선택
전임 교원으로부터 연구 지도를 받을 수 있음을 강조하자.

※ Citation Information by National institute of informatics의 약어. 「サイニィ」라고 읽는다.

K(연구)

【학문에 대한 연구 부족은 치명상이 될 수 있다】

중요한 것은 최첨단 연구를 이해한 후, 연구하고 싶은 주제를 결정하는 것입니다. 일본의 학술계를 이끄는 연구자들이 모이는 곳이 명문 대학입니다. 이러한 연구자(교원)들이 지원 동기서를 평가할 때 가장 신경 쓰는 부분은 **사실 인식의 부족**입니다. 연구의 실태를 제대로 이해하지 않은 채 지원 동기서를 작성하면, 그 모호함이나 오해가 글에 그대로 드러납니다.

그 주된 원인은 자신이 전공하고 싶은 학문에 대해 조사하지 않고, 머릿속에서 생각한 내용만을 논리적으로 전개하는 데 있습니다. 이렇게 되면 대개 이상적인 논리만을 화려하게 늘어놓은 글이 되며, 흔히 "모범생이 쓰는 틀에 박힌 문장"이 되어 버립니다.

명문 대학의 지원 동기서에서는 **학문에 대한 연구 부족이 치명적인 실수가 될 수 있다**는 점을 반드시 기억해 두어야 합니다.

【선행 연구를 조사하고, K(연구)를 설정하자】

전공하고 싶은 학문의 선행 연구를 조사하기 위해 **CiNii**를 활용합시다.

CiNii의 **"논문 검색"** 기능을 사용하여 연구하고 싶은 주제와 관련된 키워드를 입력해 검색합니다. 그리고 최신 논문을 읽어 보거나 논문 제목을 확인하면, 최첨단 연구의 개요를 파악할 수 있습니다.

그 속에 숨겨진 **과제를 발견**하고, 이를 개선하는 방식으로 **K(연구)**를 설정하면 자연스럽게 **독창성**이 드러날 것입니다.

- 지원하는 대학의 교원은 일본 학술계를 이끄는 연구자라는 점을 이해하자.
- 선행 연구를 조사한 후, 어떤 연구를 해야 할지 고민하자.
- 선행 연구를 조사할 때, CiNii의 "논문 검색"을 활용하시.

D(동기)

【상대평가에서 좋은 점수를 받아야 한다】

대학 측이 지원 동기서의 우열을 판단할 때, 여러 지원자의 글을 비교·검토합니다. 평가 기준은 교수들 사이에서 공유되지만, **채점에는 반드시 "흔들림"이 발생합니다.** 결국, 최종적으로는 읽는 교수의 **주관적인 평가에 좌우될 수밖에 없습니다.** 채점자가 평가할 때 가장 먼저 보는 것은 "설득력 있는 지원 동기서가 어느 것인가"입니다. 따라서, **다른 지원자가 아닌 당신을 합격시키는 것이 대학에 유익하다는 점을 효과적으로 전달하면 됩니다.** 단순히 자신을 어필하는 것에 그치지 말고, "내가 이 연구를 진행하면, 사회가 이렇게 풍요로워질 것이다"라는 **비전**을 분명히 제시하는 것이 중요합니다.

【다른 분야로의 응용 가능성을 염두에 두고, D(동기)를 서술하자】

전공하려는 분야의 발전에만 국한되지 않고, 다른 분야에도 응용할 수 있는 가능성을 논의해 봅시다. 이때도 CiNii의 "논문 검색" 기능을 활용합니다. 전공하고 싶은 학문 분야와는 다른 학회에서 발행한 학술지에 실린 논문을 살펴보면, 다른 학문 분야와의 연관성을 찾을 수 있습니다. 이 내용을 바탕으로 "이 연구는 이런 방식으로도 응용할 수 있지 않을까?"라는 관점을 몇 가지 정리한 뒤, 지원 동기서의 D(동기) 마지막 부분에 포함해 보세요. 연구가 다양한 분야에서 활용될 가능성을 명확하게 설명할 수 있다면, 연구의 중요성이 더욱 강조되며, 결과적으로 지원 동기서의 평가도 자연스럽게 올라갈 것입니다.

- 당신의 연구가 얼마나 유익한 것인지 확실하게 설명하자.
- CiNii의 "논문 검색"을 활용하여, 당신의 연구가 다른 분야에서 어떻게 응용될 수 있는지 고민해 보자.

S(선택)

【교수와 자신의 연구주제 매칭을 고려하여 작성하자】

연구하고 싶은 내용을 지원한 대학에서 실현할 수 있는지 여부를 대학 선택의 기준으로 삼아야 한다고 이야기해 왔습니다. 한편, 대학 측은 "소속 교원이 해당 연구를 지도할 수 있는가?"라는 시점에서 지원 동기서를 검토합니다. 지원자가 원하는 연구를 지도할 수 있는 교원이 있으며, 그 분야의 연구에 강점을 가진 대학이라면, 대학 측에서도 적극적으로 합격시키고자 할 것입니다. 중요한 것은 K(연구)와 대학 교원의 매칭을 의식하는 것입니다. 다만, 교원에는 상근 교원(교수, 준교수, 전임 강사 등)과 비상근 강사가 있습니다. 연구실을 운영하는 것은 대부분 상근 교원이므로, 가능하면 이들과 매칭이 이루어지는 것이 바람직합니다.

【목표로 하는 교원의 연구 내용을 조사하자.】

K(연구)와 대학 교수의 매칭을 고려하기 위해서는, 목표로 하는 대학 교원의 연구 내용을 조사할 필요가 있습니다. 지원 대학의 팸플릿이나 홈페이지에는 "교원 소개"란이 있으며, 교원의 이름과 해당 교원의 전문 분야가 함께 기재되어 있습니다. 이 정보를 바탕으로 **CiNii의 "저자 검색" 기능**을 활용하여, 해당 교수가 어떤 연구를 진행하고 있는지 조사해 봅시다. 최신 논문일수록 그 교수가 최근 관심을 가지고 진행하는 연구라는 점을 알 수 있습니다. 이를 기반으로, 자신이 원하는 연구의 지도를 받을 수 있을지 판단해 보도록 합시다.

- 연구실을 운영하는 교원과 K(연구)를 매칭하자.
- CiNii의 "저자 검색"을 활용하여, 목표로 하는 교원의 연구 내용을 자세히 조사하자.

K(연구)에서는 "연구 성과를 직업에 활용하고 싶다"고 서술할 것을 제안했습니다. 여기서는 문과 계열 학부를 지원하는 수험생들이 희망 직업으로 자주 언급하는 직업들을 다루었으며, 그와 관련된 학문 분야의 예시도 기재했습니다. 여러분이 목표로 하는 직업이 K(연구)와 어떻게 관련되는지를 파악하고, 지원 동기를 구상하는 데 활용해 주세요. 또한, K(연구)의 예문도 포함되어 있으니, 직업과 학문을 어떻게 연결하여 표현할지 고민될 때 참고하시기 바랍니다.

직업명	학문영역	K(연구)의 예문
심리 상담사	인지 심리학 학습 심리학 학교 심리학 발달 심리학 사회 심리학 임상 심리학	[발달심리학의 예] 　発達心理学は、かつて子どもが大人になるまでの過程を取り扱ってきたが、現在では老年期までを含むようになった。私は心的・社会的発達を妨げる要因について研究し、心理カウンセラーとして活躍したいと考えている。
학교 교원	교육 기초학 교과 교육학	[국제교과교육학의 예] 　国語教育では「読む・書く・聞く・話す」といった日本語の技能を高めることが求められるが、これまでは特に読み書き能力に重点が置かれてきた。私は対話能力を伸ばすための教科教育について研究し、中学校教員として活躍したいと考えている。
유치원 교사 · 보육사	교육학 유아 교육학 영아 보육 교육 심리학 발달 심리학 보육 내용학	[보육내용연구(언어)의 예] 　言葉を交わすことは、人が社会で生活するために欠かせないものである。私は、子どもが言葉を獲得する方法を研究し、保育士として活躍したいと考えている。

영양사	식품학 영양학 조리학	[조리학의 예] 　調理は食材をおいしくするために行われるものである。私は、食べ物をおいしく変化させる調理法について研究し、栄養とおいしさのバランスを兼ね備えた調理能力を持つ栄養士として活躍したいと考えている。
변호사 · 검찰관 · 판사	헌법학 형사법 민사법	[헌법학의 예] 　日本国憲法では基本的人権の尊重がうたわれているが、人権擁護の観点から見て、いわゆる悪法といわれるものも存在する。私は市民の人権を守るための法的手段について憲法学の視点から研究し、弁護士として活躍したいと考えている。
공무원	정치학 행정학 재정학	[행정학의 예] 　近年、様々な環境によって行政の役割は変化し、不正・無駄・非効率な行政活動の存在が問題視されている。私はこうした行政活動を正すための政策について研究し、公務員として活躍したいと考えている。
공인 회계사	회계학 회계감사학 기업법학	[회계학의 예] 　経営者が株主に会計報告を適切に行うことは、健全な投資市場を築くためには欠かせない。私は企業の経済活動を測定する仕組み作りの研究をし、公認会計士の業務の中で活用したいと考えている。
스포츠 지도자	스포츠과학 운동생화학 운동생리학 스포츠공학 스포츠해부학	[스포츠해부학의 예] 　上肢や体幹を構成する組織の働きを理解せずに、動作を適切に指導することはできない。私はテニスの諸動作と組織の働きの関係について研究し、テニスの指導者として活躍したい。
요양 복지사	요양복지학 사회복지학 재활학	[요양·복지학의 예] 　高齢化の進行に伴い、高齢者が質の高い生活を営むための支援が求められている。私は地域リハビリテーションを通した自立支援のあり方を研究し、介護福祉士として活躍した際に学びを役立てたいと考えている。

지망이유서는 대학마다 지정된 글자 수와 유형이 다릅니다. 당신이 지망하는 대학의 지망이유서는 어떤 유형인가요? 이 표를 참고하여 K(연구), D(동기), S(선택)을 활용한 단락 구성을 잘 고민해 보세요.

타입·글자 수	포인트	단락 구성의 예
지망이유서 [600~800자]	K(연구), D(동기), S(선택)을 잘 연결해 봅시다. 대학에 따라 글자 수 제한이 적을 수도 있습니다. 그럴 경우, K(연구), D(동기), S(선택) 각각의 항목에서 글자 수를 줄여 모든 항목이 포함되도록 조정하세요.	제1단락 K 제2단락 D 제3단락 S (제4단락 포부)
지망이유서 [1000자 이상]	D(동기)의 단락 수를 늘려 분량을 조정해 봅시다. D(동기)를 '문제 발견', '원인 분석', '연구를 통한 문제 해결', '사회 공헌'의 네 단락으로 나누어 충실하게 작성하세요. 이렇게 하면 왜 자신이 연구 과제에 집중하는지를 명확히 전달할 수 있으며, 학문과 연구에 대한 진지한 태도도 어필할 수 있습니다.	제1단락 K 제2단락 D①(문제 발견) 제3단락 D②(원인 분석) 제4단락 D③(연구를 통한 문제 해결) 제5단락 D④(사회 공헌) 제6단락 S 제7단락 포부
지망학부 선택이유 (약 400자) +	K(연구)와 D(동기)를 사용하여 정리해 봅시다. '본 학과를 지망하는 동기', '○○학과에서 배우고 싶은 것' 등의 질문에 대하여 한 단락당 약 100자를 기준으로 작성하세요.	제1단락 K 제2단락 D①(문제 발견) 제3단락 D②(원인분석·연구를 통한 문제 해결) 제4단락 D③(사회 공헌)

지망학교 선택이유 (약 400자)	S(선택)을 활용하여 정리해 봅시다. '○○대학교를 지망한 이유', '본교를 지망한 동기' 등의 질문에 대하여 한 단락당 약 120~130자를 기준으로 작성하세요.	제1단락 S①(대학 선택기준) 제2단락 S②(지망대학의 진학 필요성) 제3단락 포부
기입 사항이 지정되어 있는 경우	지금까지 해 온 경험을 바탕으로, 질 문된 사항에 답변해 봅시다. 【예) 입학 지원 이유 200자】 ↓ 【예) 입학 후 연구하고 싶은 주제 200자】 ↓ 【例) 卒業後の進路 200字)】	S①(대학 선택기준) S②(필요성) ↓ K→D①(문제 발견) D②(원인 분석) D③(연구를 통한 문제 해결) ↓ D④(사회 공헌), 포부

PART 2

자기 PR문 편

자기 PR문이란, 지망 대학에 자신의 강점을 어필하는 글입니다.

출원 시 **'자기 PR문'**, **'자기 추천서'** 등의 명칭으로 제출을 요구하거나, 출원 서류 내에 자기 어필을 위한 기입란이 마련되어 있는 경우가 있습니다.

지망 대학에는 입학자 선발 기준('바람직한 인재상', '미션·정책' 등으로 불림)이 있으며, 대학 측은 **지원자가 이에 부합하는 인물인지**를 자기 PR문을 통해 확인하려 합니다.

따라서, 단순히 자신의 강점을 자유롭게 이야기하는 글이 되어서는 안 됩니다.

자기 PR문은 **자신을 어필하는 홍보 자료**입니다.

우선, **자신이 대학 측이 원하는 인재상에 부합하는 인물임을 표현**하는 것이 중요합니다.

또한, 칸자키식 자기 PR문 작성법의 특징은 **단순한 강점 나열이 아니라, 성장 과정과 대학 입학 후 발전 가능성을 어필하는 것**입니다.

자신의 미숙함을 인정하면서도 **성장하려는 의지를 담은 자기 PR문은 대학 교수진의 '공감'을 얻기 쉬운 글이 됩니다.**

이러한 핵심 요소를 공식화한 것이 **TKI 법칙**입니다.

TKI는 다음 세 가지 단어의 머리글자를 딴 것입니다.

- **Tyosyo**(自分の長所, 강점)
- **Keii**(長所を得た経緯, 경위)
- **Ikasikata**(長所の活かし方, 활용)

꼭 짚어야 할 3가지 포인트

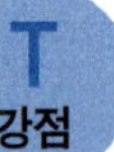

T 강점

私の長所は〇〇である。

K 경위

その長所を得たのには、△△という経緯がある。

I 활용

大学では、□□のように長所を 活かしていきたい。

T(강점)

【자기분석으로 강점을 찾자】

자기 PR문은 자신을 지망 대학에 어필하는 글입니다. 따라서, 먼저 자신의 강점을 최대한 많이 나열해 봅시다. 강점은 인생 경험 속에서 스스로를 갈고닦은 결과이므로, 동아리 활동이나 과외 활동 등의 경험을 돌아보면 자신의 강점을 발견할 수 있습니다. 스스로를 긍정적으로 바라보고, 자신만의 강점을 찾아봅시다.

만약 쉽게 떠오르지 않는다면, 단점을 떠올려 보는 것도 방법입니다. 강점은 단점의 반대 측면이기도 하기 때문입니다. 예를 들어, 소극적인 성격은 신중함으로도 해석될 수 있습니다. 이 점을 기억하며 자신만의 강점을 찾아보세요.

【타인에게 자신의 강점을 물어보자】

다른 사람이 당신에 대해 더 잘 알고 있을 수도 있으므로, 인터뷰기 효과적일 때도 있습니다. 친구, 가족, 선생님 등에게 당신의 강점을 말해달라고 요청해 보세요. 예상치 못한 강점을 발견할 수도 있습니다.

또한, 강점을 들을 때 "왜 그렇게 생각하는지" 이유도 함께 물어보세요. 구체적인 사례를 들어 설명해 준다면, 자기 PR문을 작성할 때 좋은 참고 자료가 될 것입니다.

- 경험을 바탕으로 자신의 강점을 찾아보자.
- 단점을 반대로 보면 강점이 될 수도 있다.
- 다른 사람에게 강점을 찾아날라고 하면 예상치 못한 강점을 발견할 수 있다.

K(경위)

【강점을 어필할 수 있는 에피소드를 나열해 보자】

우선, 지금까지의 경험을 돌아보며 **강점이 발휘된 순간이나 도움이 되었던 사건**을 정리해 봅시다. 그중에서 **강점을 활용했던 사례를 강조하여 어필**하는 것이 중요합니다. 가능한 여러 사례를 고려한 후, **더 많은 사람에게 영향을 준 경험을 우선적으로 선택**하세요. 예를 들면, 동아리·학생회 활동 고등학교 수업·봉사활동·직업 체험 등 이러한 교내외 활동이 대표적인 사례가 될 수 있습니다.
또한, 대회에서 우수한 성적을 거두었거나 입상한 경험이 있다면, 그 실적을 우선적으로 제시하며 **강점과 함께 어필**하는 것이 효과적입니다.

【강점을 갖게 된 과정 설명하기】

당신은 어떤 경험을 통해 그 강점을 가지게 되었나요? 강점은 단순히 타고난 것이 아니라, **경험의 축적을 통해 형성된 것**입니다. 따라서, 강점을 살리기 위해 해 온 노력과 시도들을 설명하며, **강점뿐만 아니라 적극성도 함께 어필**하는 것이 중요합니다.
핵심은 **구체적인 사례를 활용하는 것**입니다. 경험의 세부 내용을 설명하면서, **어떤 상황에서 그 강점이 다른 사람에게 도움이 되었는지**를 정리해 보세요. 이렇게 하면 **강점의 유용성이 효과적으로 전달**될 뿐만 아니라, 그 강점을 선택해 설명하려는 당신의 의도도 읽는 사람에게 명확하게 전달될 것입니다.

- 강점을 충분히 어필할 수 있는 사건을 선택하자.
- 그 사건의 세부 내용을 설명하고, 강점을 어떻게 활용했는지 어필하자.
- 강점을 살리기 위해 해 온 노력과 시도에 대해서도 언급하자.

I[활용]

【강점의 중요성을 표현하자】

자기 PR문에서 흔히 발생하는 실패 사례 중 하나는 **실적이나 능력을 자랑하는 것**입니다. 단순히 "나는 이런 점이 뛰어나다"라고 강점을 나열하는 방식은 독자에게 강요하는 듯한 인상을 주어 오히려 부정적인 반응을 초래할 수 있습니다. 강점 자랑만으로 끝나는 글은 좋은 인상을 남기기 어렵고, 자신의 강점을 효과적으로 전달하는 것도 쉽지 않습니다.

자신의 강점이 어떻게 활용될 수 있는지를 강조하는 것이 중요합니다. K(경험)에서 언급한 사례를 다시 돌아보며, **강점이 앞으로도 어떻게 발휘될 수 있는지** 정리해 봅시다. 이를 통해 "나는 대학에 꼭 필요한 존재다"라는 메시지를 읽는 사람에게 전달되도록 합시다.

【장래의 포부를 기술하자】

자기 PR문의 목적은 단순히 자신의 강점을 전달하는 것만이 아닙니다. 대학 교수진의 관점에서 생각해 봅시다. 교수들은 지원자가 대학이 원하는 인재상에 부합하는지를 자기 PR문을 통해 판단하려 합니다. 그러나 단순히 강점을 설명하는 것만으로는 이를 충분히 입증할 수 없습니다.

따라서 자신의 강점이 대학에 얼마나 유익한지를 자기 PR문에서 표현해야 합니다. 즉, 자신이 대학이 원하는 인재상과 얼마나 잘 맞는지를 설명하는 것이 중요합니다.

그렇다면, 자신의 강점이 대학에서의 학업에 어떻게 활용될 수 있는지를 구체적으로 서술해 봅시다. 강점을 어필하면서도, 대학에서 적극적으로 배우려는 자세를 강조하는 것이 자기 PR문 작성의 포인트입니다.

- 강점을 어떻게 활용할 것인지 서술하여, 자신이 가치 있는 인재임을 전달하자.
- 강점을 대학에서의 학업에 활용하고 싶다는 내용을 담아, 대학이 원하는 인재상과 부합힘을 표현하자.

T(강점)를 솔직히 기술하기

Point	① 강점을 표현하는 단어를 신중하게 선택하자 ② 지망 대학에 적합한 강점을 선택하자

▶ 강점을 표현할 단어를 선택하자

가끔 "나의 강점은 밝은 성격이다", "누구와도 잘 어울릴 수 있다"라고 말하는 지원자가 있습니다. 이것은 누구나 쉽게 떠올릴 수 있는 흔한 표현이며, 다소 유치하게 보일 수도 있습니다. 특히 "누구와도 잘 어울린다"는 표현은 "정말 누구와도 친해질 수 있는가? 사람마다 호불호가 있고, 누구에게나 어려운 사람이 있을 것이다"라는 반론을 초래할 수도 있습니다.

이처럼 강점을 표현하는 단어 선택이 적절하지 않으면 설득력이 떨어질 수 있습니다. 강점을 효과적으로 전달하려면 표현을 신중하게 선택해야 합니다. 가능하면 "밝다", "잘 어울린다"와 같은 흔한 표현은 피하는 것이 좋습니다. 전자의 경우, "나의 강점은 적극적인 태도이다", "도전 정신이 강한 점이 나의 강점이다" 후자의 경우, "나는 협조성이 뛰어나다", "사교성이 풍부한 것이 나의 자랑이다" 등으로 표현해 봅시다.

▶ 강점을 드러내는 것이 어렵다면 "노력하는 자신"을 표현하자

강점을 직접적으로 표현하는 것이 어렵다면, 그 강점을 갖기 위해 노력해 온 자신을 어필하는 것이 좋습니다.

예를 들어, "밝다"는 "적극적으로 일을 해내려고 노력하고 있다", "사람들과 잘 어울린다"는 "나는 사교적으로 사람들과 소통하려고 노력해 왔다" 등으로 표현할 수 있습니다.

▶ 대학이 원하는 인재상에 맞는 강점을 어필하자

모든 강점이 반드시 지망 대학에서 인정받는 것은 아닙니다. 그 이유는 대학마다 입학자 선발 기준이 있기 때문입니다. 자기 PR문은 입학 시험의 평가 자료 중 하나이므로, "이 지원자가 우리 대학의 선발 기준에 부합하는가"라는 관점에서 심사가 이루어집니다. 따라서, **지망 대학의 입학 기준에 맞는 강점을 신중히 선택하는 것이 중요합니다.**

자신의 강점이 연구 활동에서 어떻게 활용될 수 있으며, 어떤 이점을 가져올 수 있는지를 고려해야 합니다. 여러 강점 중에서 **지망 대학의 모집 요강이나 안내 책자에 명시된 "바람직한 인재상" 또는 "어드미션 폴리시"에 부합하는 것을 선택합시다.** 그리고 그 강점이 **대학에서의 학업과 연구에 어떻게 활용될 수 있는지를 효과적으로 어필해야 합니다.**

'자신의 강점'을 구체적으로 서술하자.

<table>
<tr><td>예
①</td><td>

[Before]

何にでも興味を持てることが私の長所である。

→ "何にでも"라고 표현하고 있지만, 사람마다 흥미와 관심을 가지는 대상이 다르므로 이 서술은 신빙성이 부족합니다. 또한, "興味が持てること"라는 표현에서도 다소 유치한 느낌이 보입니다.

"흥미를 가진다"고 해도, 변화의 흐름을 읽어 내는 능력을 의미하는지, 새로운 재미를 발견하는 힘을 의미하는지, 다양한 것에 도전하고 싶은 기질을 의미하는지에 따라 표현이 달라집니다. "興味を持つ" 이외의 표현을 사용하여 보다 적절하게 서술해 봅시다.

[After]

私の長所は、変化を見抜く目を持っているところである。

</td></tr>
</table>

<table>
<tr><td>예
②</td><td>

[Before]

部活動を通して観察力を養ってきた私をアピールしたい。人を観察することは興味深いものだ。表情から人の心情がわかるところがおもしろい。

→ 강점을 직접적으로 어필하고 있지는 않지만, 강점 자체는 전달됩니다. 그러나 그 강점이 대학이 원하는 인재상과 맞는지 구체적으로 드러나지 않아, 어필이 부족하다는 인상을 주고 있습니다. 자신의 강점이 대학이 원하는 인재상과 연결된다는 점을 글 속에서 표현하는 것이 필요합니다.

[After]

部活動を通して観察力を養ってきた私をアピールしたい。この能力は、作品を形作った英米文化を理解する時に役立つ。登場人物の発言や情景描写には、英米文学の社会的背景や著者の心理を読み解く手がかりが潜んでいる。つまり、私が培ってきた観察力をもとに、英米文学の探求ができるのである。

</td></tr>
</table>

일본대학, 지망이유서로 결정된다

K(경위)를 설명하기

> **Point**　① 체험을 분석할 때, **문제 발견 → 원인 분석 → 문제 해결**의 프로세스를 따르자
> ② 강점과 관련 없는 내용은 생략하자

▶ 구체적으로 서술하자

"나는 부원들을 격려하기 위해 밝게 행동했다. 그랬더니 분위기가 밝아졌다."

이와 같이 표면적인 글을 쓰는 지원자가 있습니다.

그러나 이러한 글에는 **"구체석으로 어떻게 행동했는가?"**, **"그렇게 행동한 목적은 무엇인가?"**, **"단순히 밝게 행동하는 것만으로 왜 분위기가 바뀌는가?"** 와 같은 반론이 제기될 수 있습니다.

즉, 이 글만 보면 **작성자가 깊이 사고하지 않고 표면적으로만 상황을 받아들이는 사람**처럼 보일 위험이 있습니다. 대학은 연구 기관이며, 사물을 깊이 있게 탐구하는 능력을 요구합니다. 그러한 능력이 있음을 어필하기 위해 **"왜?"**, **"어째서?"** 등의 질문을 스스로 던지며, 자신의 경험을 보다 구체적으로 설명하는 것이 중요합니다.

▶ 문제 발견 → 위이 분석 → 문제 해결의 프로세스를 따르자.

'I(상섬)'을 활용하려는 상황에서는, 스스로 인식하지 못하는 사이에 문제점을 파악하고, 다양한 방법을 시도하며 노력하여 과제를 해결하고 있는 경우가 많습니다.

우선, 자신의 경험을 차분히 돌아보며 어떤 문제나 과제에 직면했는지(문제 발견), 그 문제의 원인은 무엇이었는지(원인 분석), 어떤 방법과 노력을 통해 그 과제를 해결했는지(문제 해결)를 분석해 봅시다.

이 과정을 통해 긍정적이고 성장하려는 자세를 가진 자신을 효과적으로 어필할 수 있습니다.

▶ 대학이 원하는 인재상에 맞는 강점을 어필하자

설명을 할 때, 떠오른 내용을 그대로 나열하면서 **강점(T)**과 관련 없는 이야기를 포함하는 경우가 많습니다.

특히 경험을 설명할 때, 불필요하게 자신의 실적을 자랑하거나, "이렇게 된 것은 선생님과 선배님들 덕분입니다"와 같이 자신이 아닌 다른 사람을 강조하는 지원자도 있습니다.

이런 실수를 피하려면, 강점 설명과 관련 없는 부분을 최대한 줄이고, 불필요한 내용을 배제한 간결한 글을 쓰는 것이 중요합니다.

'자신의 강점'을 구체적으로 서술하자.

 일본대학, 지망이유서로 결정된다

예
①

[Before]

　私の長所は向上心があるところだ。私は、勝利を得るために大切なことを部員に語った。そうしたら、皆が一生懸命に頑張るようになった。

→ 부원들에게 말을 건넨 결과, 모두가 열심히 노력했다는 내용만 보일 뿐, 그 말이 계기가 되어 노력하게 된 것인지, 우연히 그렇게 된 것인지 판단하기 어렵습니다. 예를 들어, 경기에서 참패한 원인은 무엇이었으며, 부원들에게 어떤 말을 전하고, 어떻게 행동을 유도했으며, 그 결과 어떤 변화를 이끌어 냈는지를 보다 구체적으로 설명할 필요가 있습니다.

[After]

　私の長所は向上心があるところだ。ある日、私のクラブは対外試合で惨敗した。私はその時、「失敗した原因がわかれば、それを正せば成長する。一緒に頑張ろう」と声をかけ、反省をしたことを正すことが勝利への第一歩であると部員に訴えた。すると、どうすれば改善できるのか、皆が少しずつ意見を述べ始めた。そして、最後には活発な議論となり、それが次の試合の勝利につながった。

예
②

[Before]

　私の長所は問題解決力があるところだ。先日、募金活動に参加した。夏の暑い日であった。まずは、募金の目標金額を決める。そして、街のあらゆるところに散らばり、活動を始めた。私は「涼しいところへ行きたい」と思いながら、灼熱の太陽の下で声を枯らして募金の大切さを訴えかけた。

→ 문제 해결 능력을 어필해야 하지만, 단순한 모금 활동의 묘사가 이어지고 있습니다. 강점을 효과적으로 전달할 수 있도록, 어필하려는 강점과 관련된 내용만을 선택하여 서술하는 것이 중요합니다.

[After]

　私の長所は問題解決力があるところだ。先日、募金活動に参加したが、このところ募金額が低迷しつつあった。それは、活動の重要性が伝わらなかったのが原因だと考えた。そこで、活動をまとめたリーフレットを用意し、帰宅後でも募金が振り込めるように振込先も明記した。そうしたところ、募金額が倍増した。

「공감」을 이끌어 내는 자기 PR TKI룰

I(활용)를 나타내기

Point	① 강점이 자신의 성장에 어떻게 도움이 되었는지 설명하고, 그것이 사회에도 기여할 수 있음을 서술하자 ② 입학 후 강점을 어떻게 활용할 것인지, 포부를 서술하자

▶ 당신의 성장에 어떻게 활용되었는지 설명하자.

강점을 활용하는 방법을 설명할 때 중요한 점은, 그 강점이 자신의 성장에 어떻게 도움이 되었는지를 명확히 서술하는 것입니다.

학교 행사나 대회 성과를 나열하는 것만으로는 부족합니다. 신의 사고방식, 가치관, 행동이 어떻게 변화했는지를 중심으로 설명하면 더욱 효과적일 것입니다.

▶ 자신의 강점이 타인이나 사회에 어떻게 도움이 되는지를 설명하자.

당신의 강점은 자신뿐만 아니라 타인과 사회에도 긍정적인 영향을 미치는 요소입니다. 강점을 활용하여 자신의 성장을 촉진하고, 다른 사람의 인식을 변화시키는 데 기여할 수 있습니다. 또한, 이러한 강점은 궁극적으로 사회를 더 나은 방향으로 변화시키는 데 도움이 될 것입니다.

강점의 중요성을 효과적으로 전달하기 위해, 자신뿐만 아니라 타인과 사회에 어떤 이점을 가져올 수 있는지를 명확하게 서술하는 것이 중요합니다.

일본대학, 지망이유서로 결정된다

▶ **미래의 성장에 어떻게 활용할 것인지, 포부를 서술하자**

대학은 지원자가 입학 후 얼마나 성장하고 노력할 수 있는지를 중요하게 생각합니다. 따라서 자기 PR문에서는 그 기대에 부응할 수 있는 인물임을 표현하는 것이 중요합니다.

우선, 대학에서 강점을 활용하여 학업에 매진하고 싶다는 의도를 명확히 전달해야 합니다. 그 다음, 지망 대학의 안내 책자나 커리큘럼을 참고하여 배우고 싶은 내용을 구체화해야 합니다. 단순히 ○○학과 같은 학문 분야나 특정 세미나, 연구실의 이름을 언급하는 것만으로는 부족합니다. 그 안에서 어떻게 학습하고 싶은지, 목표가 무엇인지까지 구체적으로 서술해야 합니다.

또한, 그 배움 속에서 자신의 강점이 어떻게 활용될 수 있을지를 고민해야 합니다. 마지막으로, 사회인이 된 후에도 강점을 활용하여 활약하고 싶다는 점을 설명해야 합니다. 장래 희망 직업과 연관 짓거나, 이상적인 인물상을 설정하여 서술하는 것도 좋은 방법입니다. 지망 학부 및 학과와 관련된 직업이나 자신이 목표로 하는 직업에 대해 조사하며 글을 다듬어 나가는 것이 좋습니다.

'강점의 활용'을 구체적으로 서술하자.

예
①

[Before]
　私の長所は誠実さである。その性格のおかげで、全国学生書写書道展の文部科学大臣賞をはじめ、様々な書道展で優秀な成績を収めることができた。

→ 실적만을 나열하면 자기 자랑을 하는 성격으로 보일 수도 있습니다. 단순히 실적을 언급하는 것만이 아니라, 자신의 강점이 스스로를 어떻게 정신적으로 성장시켰는지를 설명하면 더 좋은 인상을 주는 글이 될 것입니다.

[After]
　私の長所は誠実さである。書道を通して、自分の至らぬところと真正面から向き合えるように成長した。先生や仲間からの指摘は、すべて私への励ましだと捉えた。全国学生書写書道展の文部科学大臣賞をはじめとした、様々な書道展で得た優秀な成績は、その結果である。

예
②

[Before]
　私の長所は粘り強さと実行力である。粘り強く努力すれば、成果はついてくることを学んだ。また、困難に立ち向かう力も得ることができた。今後も自分自身を成長させるために努力したい。

→ 강점을 자신의 성장에 활용하고, 앞으로도 계속 발전시키고 싶다는 취지는 잘 전달됩니다. 더 나은 글을 만들기 위해, 이 강점을 타인이나 사회에 어떻게 활용하고 싶은지를 설명해 보면 더욱 좋을 것입니다.

[After]
　私の長所は粘り強さと実行力である。粘り強く努力すれば、成果はついてくることを学んだ。また、困難に立ち向かう力も得ることができた。こうした力は、大きな課題であればあるほど必要となる。私は政策の立案に携わる仕事に就きたいと考えているが、社会問題に真正面から向き合い、その原因追究や解決に向けての行動を続けるためには、粘り強さと実行力が重要である。今後は自分自身を成長させるためだけでなく、市民一人ひとりの生活を守るために日々努力を続けていきたい。

Before → After로 배우는 『공감』 기법

자기추천서는 자신을 지원하는 학교에 추천하는 글이므로, 자신이 해당 학교의 학생으로서 적합한지를 표현하면 됩니다. 실질적으로는 자기 PR문을 작성하는 것이 요구된다고 보아도 무방합니다. TI 법칙을 바탕으로, 자신의 장점을 충분히 어필합시다.

대학에 따라 자기추천서 안에 '지망이유서'와 '자기 PR문'을 함께 기재하도록 요구하는 경우도 있습니다. 또한, '고등학교 시절 집중했던 활동을 서술하시오', '동아리 활동이나 과외활동의 성과를 바탕으로 논하시오'와 같은 지시가 있는 경우에는 그에 따라 서술하고, 특별한 지시가 없다면 자기 PR과 지망 이유를 그대로 기재하면 됩니다.

또한, 자기 PR문에 할당된 공간은 대학마다 다르므로 조정이 필요합니다. 글자 수 제한이 많든 적든, "나는 이러한 T(장점)을 가지고 있다. 그것은 이러한 K(경위) 때문이었다. 따라서 이를 I(활용 방법)로 연결하여 지망 학교에서의 학업에 활용하고자 한다."라는 TKI의 순서를 유지하며 문장을 구성해야 합니다.

자기 PR문 예시 ⑤, ⑥에서는 '자기추천서' 및 '지망이유서 + 자기 PR문'의 사례를 제시하고 있으니, 참고하시기 바랍니다.

파트 구성

자기 PR문 답변예시

Before—After를 비교할 수 있습니다. 선배들이 어떻게 시점을 바꾸고 내용을 깊이 있게 다듬었는지 주목하며 읽어 봅시다.

칸자키 어드바이스

많은 수험생의 추천서를 접해 온 저자가 흔히 저지르는 실수를 그 수정 방법과 함께 해설합니다.

학문과의 연관성 사례

당신이 가진 장점이 어떤 학문과 연결되는지, 그리고 그 학문을 바탕으로 자기 PR문을 작성할 때 참고할 수 있는 표현의 예시도 함께 제시하고 있습니다.

경험 · 포지션과 어필해야 할 강점

경험이나 지금까지의 포지션에 따라 어필 포인트는 달라집니다. K(경위)를 돌아보며, 이를 어떻게 I(활용)과 연결할 수 있을지 참고해 보세요.

추천도서의소개

어필 포인트와 관련된 서적을 소개하고 있습니다. I(활용)을 더욱 깊이 있게 탐구하는 데 도움이 될 수 있으니 참고하시기 바랍니다.

서식별 『공감』 패턴

대학에서 지정한 서식에 따라 작성 방식이 달라집니다. 제시된 패턴에 맞춰 아래의 포인트를 참고해 주세요.

자기추천서
ⓐ 지원하는 학교의 학생으로서 적합한 자신을 어필한다.
ⓑ 학교에서 원하는 학생상에 맞는 강점을 선택한다.

각 대학의 '요구하는 학생상'과 '어드미션 폴리시'를 분석해 보면, 「지원 학부에 강한 흥미와 관심을 가진 학생」「입학 후, 자율성을 가지고 학습 및 연구 활동에 임하는 학생」「대학에서의 학습 및 연구 성과를 사회 공헌에 활용하고자 하는 의지를 가진 학생」의 세 가지로 정리할 수 있습니다.

이러한 요소를 충족하는 수험생이라고 판단되면 좋은 평가를 받을 것입니다. 따라서, 자신의 T(강점)이나 K(경위)를 설명하는 경험 중에서, '요구하는 학생상'이나 '어드미션 폴리시'에 부합하는 내용을 선택해야 합니다.

자기 PR · 지망 이유 병기형
ⓐ 자기 PR과 지망 이유를 그대로 기재한다.
ⓑ 대학 측에서 지시한 사항이 있을 경우 그에 따른다.
ⓒ 자기 PR과 지망 이유를 연계하여 서술한다.

대학 측에서는 자기 PR과 지망 이유를 의도적으로 함께 작성하도록 요구하므로, 두 내용을 연관 지어 서술할 것이 암묵적으로 요구된다고 볼 수 있습니다.

자신의 장점이나 성과를 돌아보며, 지원하는 대학 및 학부·학과를 선택하게 된 계기를 탐색하고, 자기 PR과 지망 이유가 유기적으로 연결되도록 이야기의 흐름을 구성하는 것이 중요합니다.

분량 조정이 필요한 자기 PR문
ⓐ TKI의 순서를 유지하며 간결하게 정리한다.
ⓑ 기입란의 분량을 정확히 파악한다.

글자 수의 많고 적음에 관계없이 TKI 법칙을 유지하는 것을 의식해야 합니다. 이때 중요한 포인트는 글자 수 조정 방법입니다.

먼저, 기입란의 글자 수를 파악해야 합니다. 가로줄이나 테두리만 있는 기입란의 경우, 한 줄당 약 35~40자 정도로 계산하여 필요한 글자 수를 대략적으로 파악합니다.

그다음으로, 문장 구성을 고려합니다. 한 문장의 글자 수는 대략 50자를 기준으로 하며, T(장점)·K(경위)·I(활용) 각각 한 문장씩 할당하면 약 150자가 됩니다. 그보다 많은 글자 수가 필요할 경우, K(경위)와 I(활용)의 분량을 우선적으로 늘려 내용을 충실하게 구성하는 것이 좋습니다.

일본대학, 지망이유서로 결정된다

일본대학,
지망이유서로
결정된다

--[Before]--

　私の長所は、何事も前向きに考えられるところだ。それは、後ろ向きな話でも視点を切り替えれば前向きなものに見え、問題解決につながることを知ったからである。

　部活動で起こった問題に向き合った時、自分には今何ができるのか、問題解決の末にはよいものができるのか、考えてきた。私は演劇部で部長をしていた時、発表に向けて台本を読んだり立ち稽古をしたりする間など、部長が一番しっかりとしなければいけないと思っていた。皆をまとめることがこれほど大変なのかと思ったこともあったが、信頼を築き上げることで困難を乗り越えてきた。その結果、県高等学校演劇発表大会において最優秀賞を受賞し、全国大会へ進出した。また、放送委員をやっていた時も、学校行事などでの放送設備の準備やセッティング、スポットライトの操作、実況放送をしてきた。様々な問題が起こったが、持ち前のリーダーシップを発揮して壁を乗り越えることができた。そして、長所を活かすために生徒会長に立候補し、トップ当選を果たした。このように、長所が活かせる活動に積極的に取り組んできた。生徒会長は全校生徒の前で話す機会が多いが、全員に伝わるように、放送委員で鍛えたアナウンス技術を駆使した。また、会議では皆が納得するように意見をまとめた。時には話し合いに参加してくれない者もいたが、どうすれば話し合いに参加してくれるかを考え、まずは声掛けから始めた。そうすると、皆が参加してくれるようになった。

　前向きに考える時は、スケジュールを立てて効率よく物事を進めることが大切だ。闇雲に取り組んでも、成果が出なかっただろうと思う。計画性を持って取り組むことは、他の人がついてくる方法でもある。今まで、思い切って行動する大切さを学び、多くの人々の賛同を得てきた。日々の行動をより改善するため、長所がもっと活かせるように、活躍の場を広げていきたい。

--문 제 점--

| ✗ 장점에 반론의 여지가 있다.

T(강점)의 불명확함 | ✗ 강점을 갖추게 된 경위가 제대로 전달되지 않는다.

K(경위)의 불명확함 | ✗ 앞으로 어떻게 활용할 것인지가 제대로 전달되지 않는다.

I(활용)의 결여 |

　　　　　　　　일본대학, 지망이유서로 결정된다

「'무슨 일이든' 긍정적으로 생각할 수 있다」고 서술하고 있지만, '무슨 일이든'이라고 단언할 수 있는 근거가 불명확하여 신뢰성이 부족합니다.

동아리 활동, 방송위원, 학생회장으로서 노력한 점은 전달되지만, 왜 긍정적으로 생각할 수 있게 되었는지는 명확하지 않습니다.

대학에 진학한 후 또는 사회인이 되었을 때, 자신의 장점을 어떻게 활용하고 싶은지 상대에게 전달되지 않습니다.

----------개 선 점----------

- 장점에 반론의 여지가 남지 않도록 서술한다.
- 장점을 갖게 된 경위를 설명한다.
- 앞으로 그 장점을 어떻게 활용할 것인지 서술한다.

----------[After]----------

　問題を自ら意識させる組織をつくるためには、そのモデルとなる考えをリーダーが示し、その成果を目で見えるように工夫しなければならない。私は演劇部の部長として、チームのメンバーの自主性を育む努力をしてきたことを[1]アピールしたい。

　私が部長になる前年までは、主役を演じる人が部長となり、カリスマ性をもとに部を取りまとめていた。しかし、私は音響の担当であり、カリスマ的リーダーシップを取ることは困難だった。私が部長を務め始めた当初、積極的に発言する人が主導権を握ることが多く、部内の勢力が対立する原因にもなっていた。これらは部員のモチベーションの低下にもつながり、部内の人間関係も良好とはいえなかった。そこで私はリーダーシップのあり方について、再考することにした。

　まずは、目標を明確にする[2]ことから始めた。我が部では全国大会進出が至上命題であり、最高の作品をつくり上げる環境を整えることを最優先すべきだと部員に伝えた。その上で、部門のリーダーと話し合いをして達成すべき課題を決め、そのチェックをする仕組みをつくった。[2]さらに、私は1週間の間にすべての部員と会話することを習慣とした。[2]些細な話から部員の不満や要望を見つけ、すぐに達成課題に盛り込んだ。最初、部員は戸惑っていたが、目標達成の成果が見え始めると、積極的に改善案を述べる人が増えた。また、私に直接話をしてくれる人も出てきた。全国高等学校演劇発表大会へ進出できたのも、こうした取り組みが役立ったからだと考えている。[2]

部長の経験を通して、リーダーが目標達成のための手本を示すことが大切であることを学んだ。私は大学に入学し、マネジメントについての研究をしたいと考えているが、この経験は貴重なものであったと考えている。組織が成果を生み出すための方法をリーダーシップという視点から捉え、よりよい組織のあり方を考えられる[3]人材になれるよう、これからも成長していきたい。

|1| O 어필하고자 하는 포인트가 명확하다.

T(강점)의 명확함

팀원들의 자율성을 키우는 능력을 어필하고 싶다는 점이 잘 전달된다.

|2| O 창의적인 시도나 노력한 과정이 잘 설명되어 있다.

K(경위)의 명확함

부내 문제를 파악하고, 리더십의 방식을 변화시켜 해결했다는 흐름이 잘 이해된다.

|3| O 강점을 어떻게 활용하고 싶은지 잘 설명되어 있다.

I(활용)의 명확함

자율성을 키우는 능력을 대학에서의 연구에 활용하고 싶다는 의지가 명확하게 드러나 있다.

━━━칸자키 어드바이스━━━

서클활동 경험은 자기 PR문에서 가장 활용하기 쉬운 소재입니다. 많은 수험생들은 어필할 점으로 적극성이나 자율성을 꼽으며, 부장·리더 경험이나 부활동에 몰입했던 사례를 제시합니다.

그러나, "좋아하는 일에는 집중력을 가지고 임할 수 있다"라는 방식으로 T(강점)를 정리하면, "그렇다면 좋아하는 일이 아니면 피하는 것인가? 학문이란 그런 것이 아니다."라는 반론이 제기될 수 있습니다. 따라서, 현재 상황을 개선하려는 자세나, 향상심을 가지고 노력한 점에 초점을 맞춰 논하는 것이 좋습니다.

또한, 부활동 경험을 서술할 때는 에세이나 감상문처럼 되어 버리는 경향이 있습니다. 특히, K(경위)를 설명할 때 이러한 경향이 두드러집니다. 상황을 세세하게 설명하는 것은 좋지만, 그것만으로는 자기 PR과 관련 없는 불필요한 서술이 늘어나게 되고, T(강점)를 설명하는 데 부족함이 생깁니다. 이는 구조를 고려하지 않고 무작정 글을 써 내려가는 유형의 사람들에게 흔히 나타나는 문제입니다.

T(강점)를 얻은 K(경위)는 **문제 발견 → 원인 분석 → 문제 해결**이라는 흐름으로 정리한 후, 이 논리를 흐트러뜨리지 않도록 설명하는 것이 중요합니다. 또한, K(경위)의 고찰이 부족한 채로 논리를 전개하는 경우도 있습니다. 예를 들어, Before 사례에서처럼 "부장은 가장 확실하게 해야 한다."라는 이야기로 끝나 버리는 것은 적절하지 않습니다. 어떤 과제가 부내에 있었는가(문제 발견), 그 원인은 무엇이었는가(원인 분석), 그리고 어떤 행동

■ 학문과의 연관성

전공할 학문의 내용을 이해하면, 자신의 T(강점)가 연구에서 구체적으로 어떻게 활용될 수 있는지 알 수 있습니다. 여기에서는 문제 해결 능력과 인내력을 예로 들고 있지만, 이를 신중하게 연결하면 논리적으로 완성된 글을 작성할 수 있습니다.

강점	학문	표현 빙법
문제 해결 능력	정치학	社会問題を解決する仕組みを考察するのが政治学の役割である。これまで養ってきた問題解決能力をもとに、政治的な問題を探っていきたい。
배려심	유아 교육학	社会の中で互いを尊重し、相手に対する思いやりを持って生きることは重要だ。私は思いやりの大切さを、教育を通して伝えていきたい。
인내력	고고학	考古学では、時間をかけて遺跡や遺物を分析する上で忍耐強さが必要だ。部活動で養った忍耐強さを、考古学研究の場でも役立たせていきたい。

■ 체험·포지션에 따른 강점의 키워드

외국어 커뮤니케이션 능력을 활용할 수 있는 직업이 고려될 수 있습니다.
외국어 교육을 담당하는 교사가 되거나, 기업에서 외국어 활용 능력을 살
리거나, 국제 기구에서 활동하는 경우도 있습니다. 또한, 통역사나 번역가
를 목표로 하는 사람도 있습니다.

체험·포지션	키워드
부장·리더	적극성, 도전 정신, 향상심, 리더십, 실행력
후배 돌봄·지도	배려심이 좋음
힘든 연습	인내력, 끈기, 근면함
작품 제작	창의성, 독창성, 사고의 유연성, 발상력, 설득력, 표현력
부원들과의 조화	배려, 사려 깊음, 협동성, 눈치가 빠름, 팀워크, 대화 능력
진지한 태도	성실함, 정직함, 깔끔함, 차분함, 탐구심, 관찰력
부내 문제 발견·해결	문제 해결 능력, 이해력, 논리적 사고력, 신속함, 주도성, 자율성

■ 추천도서 소개(* 일본 내에서 판매되는 도서들입니다)

여기에서는 부활동 경험을 통해 성장한 학생들의 모습을 그린 책을 소개합니다. 사소한 경험이나 깨달음이 당신을 성장하게 했습니다. 주인공들이 어떻게 과제에 맞섰는지를 읽고, 당신의 경험의 의미를 찾는 힌트로 삼아 보세요.

『もし高校野球の女子マネージャーがト、ドラッカーの『マネジメント』を読んだら』岩崎夏海(ダイヤモンド社)

한때 큰 인기를 끌었던「もしドラ」누구나 들어 봤을 것이다. 이 책은 능력 있는 매니저와 야구부 친구들이 고시엔을 목표로 힘차게 싸우는 청춘 소설이다. 여자 아이가 '매니저'의 일을 알기 위해 'マネジメント' 책을 실수로 사는 것으로 이야기가 시작된다. 이와 함께 이 책의 저자인 이와사키 씨는 소설가이자 방송 작가로, 저서로는 『小説の読み方の教科書』등이 있다.

『楽隊のうさぎ』中沢けい(新潮文庫)

「학교에 있는 시간을 가능한 짧게 하고 싶다」고 생각하는 내성적인 중학생 남자가 주인공이다. 브라스밴드부에 가입하게 되며, 선배, 친구, 선생님과 함께 전국 대회를 목표로 하게 된다. 주인공이 혼란스러워하면서도 점차 음악에 몰입해 가는 모습을 그린 이야기다. 이 책의 한 문장은 2010년 센터 시험에도 출제되었다. 나카자와 씨는 소설가로, 그 외에도『うさぎとトランペット』『大人になるヒント』등 다수의 작품이 있다.

『高校生レストラン、本日も満席。』村林新吾(伊勢新聞社)

미에현에 있는, 전국 유일의 고등학생들이 운영하는 레스토랑「まごの店」여기서는 조리 동아리 학생들이 조리뿐만 아니라 접객, 판매, 경리까지 맡고 있다. 오픈 초반의 주방은 패닉 상태였지만, 한 걸음씩 착실히 실력을 쌓아 가며 가게가 번창하게 되었다. 이 책에서는 그곳에 이르기까지, 교사와 학생들의 마음의 성장이 그려지고 있다. 무라바야시 씨는 미에현 오카 고등학교 식물 조리과의 교사로, 조리 동아리의 지도도 맡고 있다.

---[Before]---

　私の長所は、真面目なところである。役割を与えられれば、それをこなすことはとても得意だ。

　私は高校1年生の時、文化祭実行委員の会計係をした。そして2年生でも実行委員になり、イベント係になった。我が校では委員になれるのは2年生までなので、私はイベント係の最上級生で委員長となった。その年の文化祭開会式では、イベント係でダンスを披露することになったので、文化祭に向けてメンバーで日々の練習に取り組んだ。私は、イベント係は初めての経験だったので、不安がいっぱいだった。皆で練習することになったが、指導者がおらず、練習内容の決定は私の仕事となった。限られた時間の中で、より効率的な練習を考えることが私の課題だった。同じ練習ばかりでは力がつかないと思ったので、本や雑誌などを参考にし、様々な練習に取り組んだ。そして、委員長である私が自分自身に厳しくした。仲間に厳しく言うのは簡単だが、それでは誰もついてこない。私が厳しく練習に取り組むからこそ、他の仲間がついてくると考えたからだ。皆が生き生きと楽しそうに練習する姿を見ると、救われる思いがした。その結果、仲間が練習に積極的に取り組むようになり、開会式当日はミスがなかった。この成功は、仲間がしっかりとついてきてくれたからにほかならない。私の努力だけでは成し得なかったと思う。仲間のおかげだと、今でも感謝している。

　私は社会福祉士になりたいと思っている。自分に厳しくするということは、仕事をする上でとても大切なことだと思う。なぜなら、社会的弱者は自立しなければならないからだ。自立しなければ生活の質は保てないし、本人のためにならない。そして、自立できるようにしていくためには、問題を探って解決する力も必要だ。私はこの3年間で、真面目に取り組む能力を身につけた。将来、私が社会福祉士として人々を支援する時、一人ひとりのやる気を引き出し、パフォーマンス向上につなげていきたいと思う。「生きることが楽しい」と言ってもらえるよう、一生懸命頑張りたい。

---문 제 점---

X 독창성이 있는 점이라고 말하기 어렵다.

T(강점)의 불명확함

X 강점에 대한 설명과 관련성이 낮다.

K(경위)의 불명확함

X 강점과 관련 없는 서술로 일관되어 있다.

I(활용)의 결여

「성실함」이라는 강점에서는 독창성이 느껴지지 않습니다. 또한, 「役割を与えられれば」라는 표현은 수동적인 인상을 줍니다.

성실함을 어필하는 사례 설명에서 벗어나, 동료를 칭찬하는 내용으로 흐르고 있습니다.

성실함을 어떻게 활용하려는지에 대한 내용이 명확하게 서술되지 않았습니다.

---개 선 점---

- 독창적인 강점을 찾는다.
- 강점을 습득한 과정에 국한하여 설명한다.
- 그 강점을 어떻게 활용할 것인지 정리한다.

---[After]---

　私は文化祭実行委員のイベント係を担当し、開会式の時にイベント係のメンバーが踊るタップダンスの指導をした。その経験から、一人ひとりと向き合う粘り強さを身につけたと[1]自負している。その点をアピールしたい。

　私がタップダンスの指導者になったのは、経験者が私だけだったからだ。メンバーは誰ひとりダンスを本格的に経験したことがなく、指導は困難を極めた。原因は、大人数で練習を行っていることで、メンバーの状況が把握できないことにあった。[2]私はこの状況を打開するために、メンバーの都合のよい日程に合わせて、私から指導に行くという方法に変えた。[2]メンバーには朝、昼休み、放課後、休日のいずれでも構わないから、練習できる日程を教えてほしいと伝え、付き添うことにしたのだ。この方法を始めてから、メンバーのステップのレベルが確実に上がっていった。それは個人の進捗度合いや能力を細かくチェックできたからだ。

　ダンスが苦手な人には私がしっかりとステップを教え、それでも思うように上達できない人は、危機意識から私との練習を増やそうとしてくれた。メンバーは、その繰り返しを経て技術を身につけていったのだと考える。最終的には、全員がソフトシューズやターンといった標準的なステップを踏めるようになった。私はこの経験を通して、個人の能力を高めるために時間をかけて相手と向き合い、対処法をともに考える姿勢を身につけることができた[2]と思っている。

　私は社会福祉学を専攻して、高齢者福祉のあり方を研究していきたいと考えている。大学でこの研究を進める上では、高齢者に最適な福祉を考えることが欠かせない。文化祭実行委員での経験は、まさにそうした場で活かせるものであると考える。高齢者福祉は、状況・ニーズなど個々で異なるゆえに、高齢者が求める福祉を追求するには、時間をかけて相手を理解する粘り強さが必要だ。将来は、一人ひとりの幸せを創造する担い手として、高齢者福祉の分野で活躍していきたい。[3]

1 O 어필하고자 하는 포인트가 명확하다.

T(강점)의 명확함

한 사람 한 사람과 끈기 있게 마주하는 능력을 습득했다는 점이 확실하게 전달됩니다.

2 O 강점을 습득한 과정을 잘 설명하고 있다.

K(경위)의 명확함

다수 속에서는 기술을 습득하기 어렵다는 실패 경험을 바탕으로 강점을 얻은 흐름이 잘 전달됩니다.

3 O 강점을 장래에 어떻게 활용하고 싶은지 잘 설명하고 있다.

I(활용)의 명확함

장래의 진로와 연결하여 강점의 활용 방안을 명확히 서술하며 마무리하고 있습니다.

칸자키 어드바이스

자기 PR문은 문화제·체육대회·위원회 활동·수학여행 등 학교 행사를 소재로 삼을 수도 있습니다. 이러한 주제를 선택한 경우, 맡은 역할(담당 업무 등)을 수행한 경험을 바탕으로 강점을 논하는 사람이 많습니다.

이때, 역할에 대한 설명이 지나치게 길어지거나, 그 경험을 했을 때의 감정이나 소감을 과하게 서술하는 등 불필요한 내용이 많아지는 경향이 있습니다. 그 원인은, 이야기의 구성을 정리하기 전에 곧바로 글을 쓰기 시작하기 때문입니다. 먼저 T(강점)을 습득한 K(경위)를 정리하고, 구체적인 사례를 작성하는 습관을 들이는 것이 중요합니다.

또한, 내용이 피상적으로 흐르는 경우도 많습니다. 예를 들어, 해외 수학여행을 소재로 삼았을 때, "현지 사람들과 교류할 수 없었던 것은, 영어를 몰랐기 때문이다. 아쉬운 마음에 영어 회화를 공부했다."라고 서술하면, 감각적으로는 이야기가 매끄럽게 흘러가는 것처럼 보일 수 있지만, 깊이 있는 글이라고는 할 수 없습니다. 이런 결과가 나오는 이유는, 개별적인 사건을 깊이 파고들지 않았기 때문입니다. "영어 회화 이외의 교류 방법은 없었을까?", "왜 아쉬웠다고 느꼈는가? 다른 감정은 없었는가?" "왜 다른 방법이 아니라, 영어 회화를 공부하기로 결정했는가?" 이처럼 당시의 자신을 돌아보며 깊이 탐구해 보면, 새로운 자아를 발견할 수도 있습니다.

또한, "私の長所は真面目なところである" 혹은 "△△という出来事は自分の強みになった"와 같은 전형적인 표현을 사용하는 사람도 있습니다. 다른 사람과 차별화를 원한다면, 자신만의 언어로 강점을 표현할 수 있도록 평소부터 단어를 신중히 선택하는 습관을 들이는 것이 중요합니다.

일본대학, 지망이유서로 결정된다

■ 학문과의 연관성

자신의 강점을 학문에 어떻게 활용할 것인지라는 시점에서 표현 예시를 제시하고 있습니다. 협조성, 관찰력, 탐구심과 같은 강점은 어느 학문 탐구에도 적용될 수 있는 보편적인 요소라고 할 수 있습니다.

강점	학문	표현 방법
협조성	법학	法律は、社会で人々と共存し、共生するためにあるものだ。その上、利害関係を調整する前提として、お互いに協調しようとする姿勢が欠かせない。協調というバランス感覚をこれからも磨き、法律の運用や立案についての研究に役立てていきたい。
관찰력	심리학	心理学研究を進めるためには、人の表情や言葉を観察する力が欠かせない。私は観察力をこれからも養い、人々の深い心理の理解に努めていきたい。
탐구심	예술학	芸術学は美を探求するためにあるものだ。私は今まで養ってきた探求心に磨きをかけ、それを目に映るものの裏側に潜む作者の心理や時代背景の理解、作品に込められた思想の研究に役立てていきたい。

■ 체험 · 포지션에 따른 강점의 키워드

학교 행사를 소재로 삼을 때, 리더로서 활약한 경우에는 적극성이나 실행력, 구성원이라면 성실함이나 독창성 등, 맡은 역할에 따라 강조해야 할 포인트가 달라집니다. 또한, 팀이 아니라 개인적인 경험이라 하더라도, 관찰력이나 탐구심을 어필할 수 있습니다.

체험 · 포지션	키워드
문화제 · 체육대회 · 위원회 등의 리더	적극성, 도전 정신, 향상심, 리더십, 실행력
구성원의 보살핌 · 지도	타인을 잘 돌보는 성향, 돌봄 능력(面倒見の良さ)
지속적인 활동	인내심, 끈기, 근면함
작품 제작, 조사 학습, 기획 프레젠테이션	창의성, 독창성, 유연한 사고, 발상력, 설득력
구성원과의 조화	배려심, 타인을 생각하는 마음, 협조성, 센스 있음, 팀워크, 대화 능력
활동에 대한 성실한 참여	성실함, 정직함, 꼼꼼함, 냉정함, 탐구심, 관찰력
새로운 경험과 발견	관찰력, 새로운 가치관 창출, 문제의 원인 추구, 탐구심
팀 내 문제 발견 · 해결	문제 해결력, 이해력, 논리적 사고력, 신속성, 주체성, 자율성

■ 추천도서 소개(* 일본 내에서 판매되는 도서들입니다)

여기에서 소개하는 책을 읽으면, 무심코 지나치는 학교생활 속에서도 사람이 성장할 수 있는 수많은 계기가 있다는 것을 깨닫게 될 것입니다. 고등학교 생활을 되돌아보면, 당신이 변화하는 계기가 된 사건이나 영향을 받은 말 등이 분명 있을 것입니다.

『掃除道 会社が変わる·学校が変わる·社会が変わる』(鍵山秀三郎 PHP研究所)

도대체 청소에는 어떤 비밀이 있는 것일까? 이 책은 누구나 할 수 있는 청소가 지닌 놀라운 힘을 소개하고 있다. 기업이나 병원의 사례도 포함되어 있지만, 고등학생과 관련된 "체육대회의 부활로 자퇴가 감소한 히로시마 야스니시 고교"의 이야기는 더욱 친근하게 느껴질 것이다. 청소를 계기로 황폐화되기 전의 상태로 되돌아가는 놀라운 과정은 매우 흥미로운 내용이 될 것이다. 저자인 가기야마 슈사부로는 이엘로햇(Yellow Hat)의 창업자로, 그 외에도『あとからくる君たちへ伝えたいこと』등의 저서를 남겼다.

『伝説の灘校教師が教える 一生役立つ学ぶ力』橋本武 (日本実業出版社)

매일의 수업과 학습에서 중요한 내용이 담긴 한 권의 책. 하시모토 타케시는,『銀の匙』를 3년에 걸쳐 읽어 나가는 수업을 진행하며, 나다고등학교를 사립학교 최초로 도쿄대 합격자 수 1위로 이끈 인물로 알려져 있다. "배운다는 것은 노는 것이고, 노는 것은 배우는 것이다"라고 말했던 그는 2012년에 별세했다. 그 외에도『日本人に遺したい国語—101歳最後の授業』,『橋本式国語勉強法』등 다수의 저서를 남겼다.

『時に海を見よ—これからの日本を生きる君に贈る』渡辺憲司 (双葉社)

2011년, 동일부 대지진 이후, 릿쿄 신자 고등학교의 졸업식이 취소되었다. 그 당시, 학교 홈페이지에 게재된 졸업생을 위한 교장의 메시지가 큰 반향을 일으켰다. 이 책은 그 교장이, 앞으로의 일본을 살아갈 젊은이들에게 보내는 메시지를 남고 있다. "3.11" 이후의 일본에서 앞으로 나아가며 살아가기 위한 말들이 곳곳에 담겨 있다.
와타나베 켄지는 2014년 현재 릿쿄 신자 중·고등학교 교장이자, 근세 문학 연구자이기도 하다. 그 외에도『江戸文化とサブカルチャー』등의 서서를 남겼다.

과외활동 및 대외활동

[Point]
경험 속에서 발생한 과제를 정리하고, 개선된 모습을 어필하자.

--[Before]--

　私は、幼い頃から年に1回、海外へ出かけ、サマーキャンプツアーに参加している。これまで、アメリカやニュージーランド、カナダなど、キャンプで10か国を訪れ、海外へ行って会話をするのは、苦痛ではない。むしろ楽しい。私は、その経験で得たことをアピールしたい。

　私が参加した最初の年は、知っている人がいないこともあり不安だったが、スタッフの人や外国人の先生がいたおかげで、話も盛り上がり、最後は楽しかったことを覚えている。その年のキャンプで多くの友達ができたことは、私にとって大きな収穫となった。今年参加したキャンプでは、初日からスタッフや参加者と仲よくなることができた。なぜなら、幼い頃からキャンプに参加している私は、自分から話しかけ、人とコミュニケーションを取ることに抵抗を感じなくなったからだ。今回のキャンプも、文化・言葉・年齢・生きてきた環境などが違う人たちと一緒に生活をしたが、キャンプが終わる頃には打ち解け、別れることが悲しくなるほど仲よくなれた。また、現地の人とも仲よくなれた。時には魚が取れる場所や竹で作る水筒の作り方を教わったり、クラフト体験をしたり、一緒にスポーツをしたりして、その度に地域のよさや人々のやさしさに触れることができた。こうした海外の人々と触れ合うことは、チャレンジしないとできない。相手と言葉が通じないということを不安に思っていては、いつまでも話すことができない。「一生懸命やれば、何とかなる」と思って相手にぶつかっていけば、必ず受け止めてくれる。そう信じて話せば、いつの間にか話ができるようになると思う。

　私は、これらの経験を大学で活かしていきたい。現地の人々や留学生との交流に活かし、自分の自信につなげていきたい。チャレンジ精神は、これからの人生で最も大切なものだと思う。これらの経験を大学での授業やイベントで活かし、将来は様々な人たちのために役立ちたい。

--문 제 점--

✗ 강점을 명확하게 표현하지 않았다.

T(강점)의 불명확함

✗ 강점을 습득한 경위에 대한 설명이 부족하다.

K(경위)의 불명확함

✗ 강점을 어떻게 활용할지가 드러나지 않는다.

I(활용)의 결여

경험을 어필하는 것만으로는 부족합니다. 그 경험을 통해 어떤 강점을 얻었는지 표현해 봅시다.

도전에 나서기 위해 말을 걸었다는 흐름만으로는 깊이 있는 사고를 바탕으로 한 글이라고 할 수 없습니다.

도전 정신을 대학에서의 학문적 탐구에 어떻게 활용하고 싶은지, 좀 더 구체적으로 제시하면 좋을 것입니다.

-------------------------------개 선 점-------------------------------

- 자신의 강점을 명확히 한 후, 이를 어필한다.
- 도전하려고 생각한 근거와 그 목적을 정리한다.
- 강점을 대학에서의 학문적 탐구에 어떻게 활용할 것인지 고민한다.

-------------------------------[After]-------------------------------

　私は、サマーキャンプの参加を通して、これまで10か国を訪れた経験がある。

　その経験の中で、異なる文化や言語を持つ人々と接する時に必要なことは、相手の懐に飛び込んで理解しようとする意志だと気づいた。そうした異文化理解をしようと努力し続けた[1]私をアピールしたい。

　私がはじめてサマーキャンプに参加した小学校2年生から数えて、今年で10年になる。今回、私が他国の人とのコミュニケーションで最も課題としていたことは、相手の文化を理解することだ。例えば、挨拶をする時にオーストラリア人は「G'day mate.」と言い、初対面でも接し方がフランクである。そういう場合は、私も親しみを込めた言葉を選ぶようにした。また、公共のマナーも国によって異なる。例えば、アメリカではウェイターを呼ぶために叫ぶことはマナー違反となるので、アメリカ人と一緒の時はウェイターが来るのを待つようにした。以前はこういうことを知らなかったので、オーストラリア人の発言を無礼だと感じたり、レストランでアメリカ人が嫌な顔をするのを疑問に思ったりしていた。[2]これらの行き違いは、彼らが持つ文化が私たちの文化と異なるために生じるものである。そこで、最近ではキャンプに出かける前に、こういう文化を事前に調べることにしている。[2]異文化の地域に足を踏み入れるからには、現地の人々の生活文化を乱さない振る舞いをすべきだと考えたからだ。相手の文化を理解するためには、十分に調べる必要がある。文化を理解した上での振る舞いを相手が見て、はじめて信頼関係が生まれ、深いコミュニケーションを交わすことができるのだ。

　私は、貴学観光学部で諸外国のツーリズムと産業についての研究をしていきたいと考えている。観光産業を振興していくためには、現地の生活文化を理解した上で、人々との協力関係を築くことが大前提である。[3]これまで養ってきた異文化理解への姿勢をさらに磨き、大学での研究に役立たせたいと考えている。

1 **O** 강점이 명확히 전달된다.	**2** **O** 강점을 습득한 과정을 잘 설명하고 있다.	**3** **O** 강점을 대학에서 어떻게 활용할지가 명확하다.
T(강점)의 명확함	**K(경위)의 명확함**	**I(활용)의 명확함**
이문화 이해를 위해 노력해 온 점을 강점으로 잘 서술하고 있습니다.	섬머 캠프에서의 실패 경험을 바탕으로 이문화 이해의 필요성을 깨닫고, 사전 조사를 하도록 신경 쓰고 있다는 점이 잘 전달됩니다.	관광학부에서의 학문적 탐구를 위해 이문화 이해가 필요하다는 점을 서술하며 잘 마무리하고 있습니다.

─────────칸자키 어드바이스─────────

자기 PR문에서 언급하는 과외 활동은 매우 다양하지만, 대체로 집단 활동과 개인 활동으로 나눌 수 있습니다. 각 활동 유형마다 자주 발생하는 전형적인 실수가 있으므로 주의해야 합니다.

예를 들어, 클럽 팀이나 보이스카우트 소속과 같은 집단 활동을 소재로 삼는 경우, 리더 등의 역할을 맡았던 경험을 서술하는 경우가 많습니다. 이때, K(경위)를 설명할 때 역할을 수행한 성취감만을 지나치게 강조하는 실수를 저지르기 쉽습니다. 그러나 중요한 것은 **그 경험 속에서 어떤 문제를 과제로 인식하고, 어떻게 사고하며 행동을 했는지** 그 흐름을 떠올리면서 서술하는 것입니다. 단순히 "팀이 승리하기 위해 클럽 팀원들을 격려했다" 정도의 표현으로는 깊이가 부족합니다. 예를 들어, 팀이 승리하기 위해 해결해야 했던 과제가 무엇이었으며, 그 문제를 해결하기 위해 어떤 구체적인 행동(연습 방법 등)을 했는지를 깊이 있게 서술하여, 피상적인 글이 되지 않도록 해야 합니다.

한편, 유학과 같은 개인 활동을 주제로 삼는 경우, K(경위)가 깊이 없는 이야기로 끝나 버리는 경우가 많습니다. 예를 들어, "처음에는 친구를 사귀지 못했지만, 마지막에는 친해졌다"라는 내용으로 자신의 커뮤니케이션 능력을 강조하려 하거나, "처음에는 회화를 못했지만, 마지막에는 가능해졌다"는 이유만으로 영어 회화 능력을 강점으로 어필하는 사례가 있습니다.

전자의 경우라면, 친해지지 못했던 **원인이 무엇이었고, 그것을 어떻게 개선했는지 깊이 있게 분석**해야 합니다. 후자의 경우라면, 회화에서의 장애 요인은 무엇이었으며, 극복하기 위해 어떤 노력과 시행착오를 거쳤는지를 구체적으로 설명하는 것이 좋습니다.

일본대학, 지망이유서로 결정된다

■ 학문과의 연관성

아래는 실행력과 체육학 연구, 자주성과 경제학, 배려심과 사회복지학 간의 연관성을 표현한 예시입니다. 얼핏 보면 학문과 직접적인 관련이 없어 보이는 강점이라도, 표현 방식에 따라 충분히 연결할 수 있습니다.

강점	학문	표현 방법
실행력	체육학	体育学研究において、効果的なトレーニング方法を開発したいと考えている。そして、私が培ってきた実行力を生かし、開発したトレーニングを活用して、チームの能力を高めていきたい。
자주성	경제학	大学での研究活動の前提となるのは自主性である。そして、自主性は好奇心から生まれるものだ。私はマクロ経済学と金融政策を中心に研究していきたいと考えている。経済の動向を日頃から自主的に捉え、研究活動に役立てたい。
배려심	사회 복지학	社会福祉学は「気配り」の学問である。私は、この「気配り」を通じて養った視点を生かし、社会的弱者を具体的な方法でどのように支援できるかを探求していきたい。

■ **체험·포지션에 따른 강점의 키워드**

클럽 팀이나 보이스카우트와 같은 집단 활동의 경우에는 리더십이나 협조성이, 유학·개인 연구·특기 활동과 같은 개인 활동의 경우에는 탐구심이나 자주성이 어필 포인트가 됩니다.

체험·포지션	키워드
클럽 팀 등	적극성, 도전 정신, 향상심, 리더십, 실행력, 인내심, 끈기, 근면성, 배려심, 이해심, 협조성, 센스, 팀워크, 대화 능력
어린이회, 보이스카우트, 걸스카우트	적극성, 도전 정신, 향상심, 리더십, 실행력, 배려심, 이해심, 협조성, 센스, 팀워크, 대화 능력
유학	원활한 인간관계, 공생 사회 구축, 적극성, 도전 정신, 향상심, 대화 능력
박물관·자료관 등에서의 체험	호기심, 탐구심, 관찰력
개인적인 학술 조사·연구	호기심, 탐구심, 관찰력, 인내심, 끈기, 근면성
특기 활동, 학습 활동	적극성, 자주성, 향상심, 호기심, 탐구심, 관찰력, 인내심, 끈기, 근면성, 문제 해결 능력
직업 체험, 봉사 활동, 인턴십	적극성, 향상심, 실행력, 인내심, 끈기, 근면성, 배려심, 이해심, 협조성, 센스, 팀워크, 대화 능력

■ **추천도서 소개**(* 일본 내에서 판매되는 도서들입니다)

과외 활동을 통해 평소 학교 생활에서는 경험할 수 없는 다양한 체험을 쌓을 수 있습니다. 이 책을 통해 학생들이 활동 속에서 어떤 영향을 받고, 어떻게 성장했는지를 읽어 나가길 바랍니다.

『僕たちが見つけた道標: 福島の高校生とボランティア大学生の物語』兵藤智佳(晶文社)

동일본 대지진 이후의 이야기이다. 후쿠시마 제1원전 근처에 위치한 후타바 고등학교의 학생들을 대상으로 와세다 대학생들이 자원봉사로 학습 지원을 했다. 피해 상황에 마음 아파하며, 장래에 고향을 위해 도움이 되고 싶다고 바라는 고등학생들의 모습 속에서, 대학생들은 자신의 현재를 다시 돌아보고 미래를 고민하는 모습이 그려져 있다. 히요도 씨는 그 외에도 『世界をちょっとでもよくしたい』(공저) 등의 저서를 집필했다.

『ワークキャンプに出会ってから ―ある高校生活動の記録―』大沢英二(山梨ふるさと文庫)

이 "워크캠프"는 야마나시현 내에서 모인 고등학생들이 고아 시설을 건설하는 캠프를 의미한다. 7박 8일, 총 3주간 여름방학의 소중한 시간을 들여 진행된 고등학생들의 활동이 기록되어 있다. 이 책을 통해 같은 또래의 고등학생들이 해 왔던 활동과 YMCA(Young Men's Christian Association)에 대해 알게 되기를 바란다.

<table>
<tr><td>자기 PR문
작성예시④</td><td>

사생활 및 일상생활

</td></tr>
</table>

------------------------------[Before]------------------------------

　「継続は力なり」という言葉がある。この言葉のとおり、私は今でも多くのことを継続し、力を得ていると思う。

　私は、小学校4年生の時に転校した経験がある。転校する時、一番仲のよかった友人と「離れても文通をしよう」と約束した。その文通は今でも続けている。それまでの私は物事を長く継続することが苦手だったが、その友人との縁を断ちたくないという思いで、毎週交代で手紙を書き続けた。離れてから9年間、関係はずっと続いている。もしこの文通を途中で投げ出していたら、今のような仲のよい関係は築けていなかったと思う。継続することは難しいが、その努力はやがて自分のためになると確信している。

　また、私は転校を機に、今まで親任せにしていたペットのケージの清掃をひとりでやろうと決意した。かわいがるだけが愛情なのかと考えた時、それは自分の勘違いであると思ったからだ。排泄物処理が嫌で掃除をやめたいと思ったこともあったが、最後まで継続した。それに応えるように、ペットも一層なついてくれたように感じた。

　今は、朝食と家族の弁当を毎日作っている。病気の時でも欠かしたことはない。朝食はよいとして、弁当の献立を考えるのは大変だけれど、家族が喜ぶ顔を見るとこうした辛いことでも頑張れる。もしかしたら、継続する力は人の笑顔から生まれるのかもしれない。趣味の絵描きも毎日続けている。昔はスケッチブックを使っていたが、今ではデジタルペインティングの練習をしている。描くのは難しいが、毎日描いていれば慣れていく。上達するには、続けることが何よりも大切だ。

　幼稚園教諭は楽しいことばかりでなく、汚物処理など嫌な仕事もある。さらに、子どもの毎日の成長をノートに書き記すなどの地道な作業もある大変な仕事だ。しかし、そこで諦めてしまったらすべてが終わってしまう。この継続力は幼稚園教諭に必要な能力だと思う。

------------------------------문 제 점------------------------------

X 강점을 명확하게 표현　　**X** 경위 설명의 사례를 지　　**X** 지속력과 업무 내용이
하지 않았다.　　　　　　　　나치게 많이 포함하고 있다.　　잘 맞물리지 않는다.

T(강점)의 불명확함　　　　**K(경위)의 불명확함**　　　　**I(활용)의 결여**

지속력을 어필하고 싶다면, "나의 장점은 지속력이다" 와 같이 명확하게 표현하 는 것이 좋습니다.

예시가 네 개나 있으면 설 명이 부족한 글이 됩니다. 또한, 어떤 사례도 대학 입 학 서류로 적절하다고 말 하기 어렵습니다.

「嫌な仕事」라고 표현하는 것은 부적절합니다. 어려 운 일을 수행하기 위해 왜 지속력이 필요한지에 대한 설명을 추가해야 합니다.

---개 선 점---

- 장점을 명확하게 서술하고 어필할 것.
- 사례를 줄이고, 그 장점을 얻게 된 경위를 깊이 있게 서술할 것.
- 대학에서의 학습에 있어 왜 지속력이 필요한지를 분명히 밝힐 것.

[After]

　私は、小学5年生の頃から毎日、デッサンを続けている。その過程で、自己を見つめる姿勢や観察力を養うことができた。そうした継続力を持つ[1]私をアピールしたい。

　私が描き始めた頃のデッサンを振り返ると、平面的で対象を正しく捉えられていなかった。苦手な部分に至っては、描くのを避けていた。私はそうした問題を解決するために少しずつ努力した。

　最初の課題はバランスの悪さだったため、描きたい物の構造を知ることから始めた。たとえば、人物を描く時には全身写真と図鑑をもとに、骨や筋肉の位置や大きさを確認しながら描くようにした。そして次は、輪郭線で物を見ずに奥行きを意識して立体的に描くことを課題にした。陰影のつけ方をマスターした後には、トリックアートにも挑戦してみた。また、画材も変えた。最初は鉛筆だったが、自信がついてからはボールペン、サインペン、Gペンを使ったり、水彩絵の具やスプレーペンで色づけをしたりした。今はペンタブレットでデジタルアートにも挑戦している。毎日自らの絵を見つめて課題を見出し、改善を重ねることで、今では大概のものを模写することができるようになった。このことで、物事を真正面から捉え、細かな動きを観察する力が身についた。[2]さらに、デッサンのおかげで心の機微による動作の変化に敏感になり、他者を観察する力も身についた。友人への気遣いや声掛け、励ましも以前と比べて増えた[2]ように思う。このような気配りができるようになったのは、思わぬ副産物だった。

　私は幼児教育を専攻したいと考えている。幼児教育では、個々に合った支援が求められる。また、子どもを継続的に見守り、成長を確認し、新たな課題を子どもたちに与えることも必要となる。その時に、日々のデッサンで養った継続力・問題解決力・観察力・気配りを活用する[3]ことは欠かせない。こうした能力を幼児教育の現場でも活用できるよう、さらに磨きをかけていきたいと考えている。

[1] O 강점을 명확하게 어필하고 있다. **T(강점)의 명확함**	[2] O 강점을 습득한 과정을 잘 설명하고 있다. **K(경위)의 명확함**	[3] O 어떻게 활용할 것인지 명확하게 서술하고 있다. **I(활용)의 명확함**
매일의 데생을 통해 얻은 지속력을 어필함과 동시에, 스스로를 돌아보는 태도와 관찰력을 길렀다는 점도 서술하고 있습니다.	데생에서의 노력과 창의적인 접근 방식을 구체적으로 서술하며, 관찰력과 배려심을 갖추게 된 과정을 잘 보여 주고 있습니다.	유아교육학 연구에 필요한 능력을 바탕으로, 자신의 장점을 어떻게 활용할 것인지 잘 설명하고 있습니다.

칸자키 어드바이스

일상생활이나 혼자서 하는 취미 활동처럼 눈에 띄는 실적이 없는 활동도 자기 PR 문에서 활용할 수 있습니다. 다만, 그 강점(T)이 많은 사람들에게 인정받을 만한 것인지 사전에 검토하고 확인해야 합니다.

예를 들어, "지속력을 통해 그림 실력이 향상되었을 뿐만 아니라, 관찰력과 배려심도 갖추게 되었다"는 내용이라면 좋은 자기 PR이 될 수 있습니다. 반면, "그림을 좋아해서 매일 그렸다. 지금은 태블릿 펜으로도 그리고 있다"는 이야기에서 끝난다면, 좋은 평가를 받기 어렵습니다.

이와 비슷하게, "휴일에 빵을 만든다. 가족들이 맛있다고 해 주는 것이 자랑스럽다", "친구들이 자주 고민 상담을 한다. 나는 친구들을 잘 챙기는 것이 자랑이다" 정도의 이야기만으로는, 다른 사람들보다 뛰어난 점이 명확하게 드러나지 않아 평가받기 어렵습니다. 전자의 경우라면 빵을 만드는 과정에서의 창의적인 시도나 노력한 점을 강조해야 하며, 후자의 경우에는 친구들의 고민에 대해 구체적으로 어떻게 대응했는지, 그리고 그 의도를 어떻게 설정했는지를 경위(K)와 함께 서술하면 좋습니다.

자기 PR을 잘 하지 못해 고민하는 수험생들에게 저는 항상 "자신을 잘 표현할 수 있는 소재가 있다면, 접근 방식에 따라 충분히 어필할 수 있다"고 말합니다.

부활동에서 뛰어난 성과를 냈거나, 유학 경험이 있는 등 누구나 인정할 만한 특별한 경험을 가진 사람은 극히 일부에 불과합니다. 만약 그런 경험이 없다 하더라도, 자신의 체험과 경험을 깊이 파고들어 어필할 수 있는 요소를 찾아보는 것이 좋습니다.

그래도 마땅한 소재가 떠오르지 않는다면, 앞으로 자기 PR에 활용할 수 있을 만한 경험을 쌓아 가며 성장한 자신을 어필하면 됩니다.

■ 학문과의 연관성

독창성과 사회학, 대화 능력과 외국어학, 꼼꼼함과 생활과학의 관계를 표현해 보았습니다. 학문의 내용을 이해한 후에 강점을 연결하면 더욱 효과적으로 설명할 수 있습니다.

강점	학문	표현 방법
독창성	사회학	社会学は人どうしのつながりを研究する学問であるが、目に見えない関係性を見抜いて仮説を立てる必要がある。既存の関係性以外に潜む法則を探る手がかりとして、独創的な発想が必要となる。今まで養ってきた独創性をさらに磨き、社会学研究に役立たせたい。
대화 능력	외국어학	外国語学研究を進めるには、外国人との対話を通じて情報収集を行う必要がある。私が身につけてきた対話能力を外国人とのコミュニケーションに活かしていきたい。
꼼꼼함	생활과학	生活科学は、人々の衣食住を豊かにするために必要な学問である。私の几帳面さは、生活科学の研究に役立つものだ。生活上の問題を細かくチェックし、整える習慣が、日常生活における問題を見抜くヒントになるからだ。

■ 체험·포지션에 따른 강점의 키워드

사생활에서의 경험은 취미나 친구와의 대화 등 개인적인 요소가 많은 것이 특징입니다. 인터넷을 통한 정보 발신이나 교류 등의 경험도 포함될 수 있습니다. 이러한 경험 속에서 자신이 어떻게 성장했는지, 그 과정에서 어떤 노력과 창의적인 시도를 했는지를 보여 주면서 강점을 어필하는 것이 좋습니다.

체험·포지션	키워드
취미	향상심, 인내심, 끈기, 창의성, 독창성, 발상력, 꼼꼼함, 탐구심
집안일 돕기	책임감 있는 돌봄, 배려심, 신속성, 주체성, 자주성
친구의 상담 상대	책임감 있는 돌봄, 성실함, 침착함, 관찰력, 문제 해결 능력
타인과의 대화	협조성, 대화 능력, 성실함, 관찰력
SNS 등을 통한 정보 발신	창의성, 설득력, 배려심, 성실함, 탐구심, 논리적 사고력

■ 추천도서 소개(* 일본 내에서 판매되는 도서들입니다)

여기에서는 사생활 속에서 유념해야 할 점을 다룬 책을 소개하고 있습니다. 현재 자신의 문제점이 무엇인지, 어떻게 해결하면 어떤 성장을 이룰 수 있는지를 고민하는 데 도움이 되는 자료로 활용해 주세요.

『高校生活100のアドバイス』東海林明(岩波ジュニア新書)
수험을 앞둔 고등학생이라면 "지금 와서 조언이라니"라고 생각할 수도 있다. 하지만 남은 고등학교 생활에 도움이 되는 내용도 많다. 어려운 과목을 만들지 않는 방법을 비롯하여, 100가지 조언을 잘 받아들이고 앞으로의 생활을 더욱 충실하게 만들어 가길 바란다.
토코로 씨는 고등학교 교사와 교장을 역임한 인물로, 그 외에도『高校生の親に贈る21のアドバイス』등의 저서를 집필했다.

『こどもたちへ 夜回り先生からのメッセージ』水谷修(サンクチュアリ出版)
"夜回り先生"로서 미디어에도 자주 등장하는 미즈타니 씨가 집필한 책이다. 그는 서문에서 "아이들은 반드시 행복하게 살아가야 한다. 그렇게 믿고 있는 내가, 평소 아이들에게 전하는 이야기와 앞으로 꼭 기억해 두었으면 하는 내용을 담았다."라고 말하고 있다.
소년 비행과 약물 문제에 정면으로 맞서 온 저자의 말은, 고등학생들의 마음에 깊은 울림을 줄 것이다.

『地球のために私ができること』枝廣淳子(大和書房)
환경 문제를 해결하는 것은 풍요롭고 행복한 시간을 보내기 위한 중요한 열쇠가 된다. 일상생활에서 실천할 수 있는 환경 문제 해결 방법이 쉽게 설명되어 있다. 저자는 "지구를 위해 내가 할 수 있는 일을 고민하는 것은, 진실로 숭고한 것을 되찾는 계기가 되기도 한다"라고 말하고 있다. 에디히로 씨는 환경 저널리스트이자 번역가이며, 저서로는『負けないで!』『いまの地球、ぼくらの未来 ずっと住みたい星だから』등이 있다.

<table>
<tr><td>자기 PR문
작성예시⑤</td><td>[Point]
"대학이 원하는 인재상에 부합하는 자신"을 어필하자.</td><td># 자기추천서</td></tr>
</table>

[Before]

　私の将来の夢は、スポーツに関わる職業に就くことである。保健体育科の教員やスポーツ指導者になりたい。そのためには大学に進学し、スポーツを究めたいと考えている。

　そう考えたのは、小学校の頃からバスケットボールを続けてきた経験があるからだ。高校のクラブ活動での辛い走り込みやトレーニングに耐えられたのは、仲間がいたからだ。バスケットボールを通して多くの仲間ができ、コミュニケーションを楽しめたことが、モチベーションを上げることにつながった。大会の勝利を目指し、仲間とひとつの目標に向かって挑戦することも、バスケットボールを通して学んだことだ。

　そういった活動の中心にいるのが、スポーツ指導者だ。1年生の時はボールにも触れず、走り込みや筋力トレーニングばかりの日々だった。しかし、自分も負けずに頑張れて、相手も負けないように頑張るという環境が楽しかったし、自分が強く成長しているようにも感じた。そして、この環境が我が校のバスケットボール部をひとつの目標に向かって走らせていることがわかった。仲間と笑い、仲間と喜び、自分はこの興奮を仲間と味わうためにバスケットボールをしているのだと気づいた。だから、その喜びを味わうために、今も全力で練習している。スポーツは子どもを大人へと成長させてくれるものだと私は思う。

　だから私は、スポーツを楽しんだり、人間関係を育んだりすることをサポートできるスポーツ指導者になるという夢を実現させたい。そのためには、貴学でスポーツコーチ学と学校保健学を修得していきたい。スポーツや仲間との触れ合いを楽しむことができる子どもたちを育てる指導者になるのが夢だ。そのために大学でもバスケットボールを続け、全力でバスケットボール部の仲間を支え、日々頑張っていきたい。人間性も技術も体力も成長できるように努力し、バスケットボールや部の仲間たちと一生関わっていきたい。

문제점

X 강점을 명확하게 표현하지 않았다.

T(강점)의 불명확함

X 강점을 습득한 경위가 제대로 설명되지 않았다.

K(경위)의 불명확함

X 강점을 어떻게 활용할 것인지가 부족하다.

I(활용)의 결여

일본대학, 지망이유서로 결정된다

동료나 지도자의 장점은 언급하고 있지만, 자신의 장점을 명확히 제시하지 않아, 농구에 대한 열정만 전달되고 있습니다.

"자신이 크게 성장했다"는 표현은 있지만, 구체적으로 어떤 점에서 성장했는지가 명확하게 전달되지 않습니다.

열정을 가지고 학업과 스포츠에 임하고 싶다는 의지는 잘 전달되지만, 자신의 장점을 어떻게 활용할 것인지에 대한 내용은 부족합니다.

--------------------------------개 선 점--------------------------------

- 자신의 장점이 지원 대학이 원하는 인재상과 부합함을 보여 줄 것.
- 자신의 장점을 분석하고, 그 장점을 어떻게 형성해 왔는지 되돌아볼 것.
- 장점을 장래에 어떻게 활용할 것인지 설명할 것.

--------------------------------[After]--------------------------------

　私は小学校2年生の時からバスケットボールを10年間続けてきた。特に高校3年間での体験は、私がスポーツ心理学に目覚める大きなきっかけとなった。チームのリーダーとして多くの人をまとめることの難しさを学び、スポーツ心理学を活かした問題解決を志している[1]私を、貴学に推薦したい。

　特に大きな収穫があったのは、高校でのチームリーダー経験である。継続して努力するだけでは、チームリーダーとしての役割を果たせないことを痛感した。たとえば、強いチームに育てあげようという気持ちが裏目に出て、チームプレーを忘れてしまう部員がいた。また、バスケットに対する情熱や試合運びの理解力に個人差があり、チーム全体に精神的なまとまりがないこともあった。そこで、コーチの支援のもと「心理的ゾーン」を捉えることを意識した。当時のチームメンバーは緊張・興奮レベルが低い状態であり、練習に緊張感が見られないことが多く、全員が最適なゾーンに入っていなかった。そのような状態の選手に対して、成功イメージを思い浮かべさせ、ピークパフォーマンスを想像させた。この経験から、スポーツには技術だけでなく、心理学を基にした支援が欠かせないことを学んだ。[2]　今では、「心理的ゾーン」の捉え方や競技ごとの違いを学ぼうと、コーチに毎日指導を受けている。スポーツを競技者として楽しむだけでなく、競技者の心理に関心を向けて学ぼうとするまでに成長できたと自負している。

　私は、心の緊張と興奮のバランスをどう取れば集中力を高めることができるのか[3]を、貴学での研究テーマとしたい。この視点は、スポーツ競技者が抱える様々な心の問題を予防し、解決するための基本となるに違いない。貴学でこうした専門知識を養い、多くのスポーツ競技者の心の問題を解決し、チームの団結力を向上させる能力を備えた人間になりたい[3]と心から願っている。

① O 강점을 명확하게 어필하고, 추천이유를 명확히 연결하고 있다. **T(강점)의 명확함**	② O 강점을 습득한 과정을 잘 설명하고 있다. **K(경위)의 명확함**	③ O 강점을 어떻게 활용할 것인지 명확하게 서술하고 있다. **I(활용)의 명확함**
스포츠 심리학에 관심이 있는 자신을 어필하고, 학문을 통한 문제 해결을 추구하는 인물임을 추천 이유로 제시하고 있습니다.	농구부에서의 경험을 바탕으로, 스포츠 심리학에 대한 높은 관심을 가진 인물임을 어필하고 있습니다.	스포츠 심리학에 대한 높은 관심을 대학에서의 학습에 활용하고 싶다고 서술하며, 스포츠 경쟁자들에게 도움이 되고자 하는 의도가 전달됩니다.

<table>
<tr><td></td><td>지망이유서 + 자기 PR문

[Point]
지망이유의 내용과 자기 PR문을 관련지어서 설명하자.</td></tr>
</table>

------------------------------ [Before] ------------------------------

◎ **文学部をなぜ第一志望としたのですか。また文学部で何を学び、将来どのように活かそうと考えていますか。具体的に書いてください。**

　私は、大学で△△という競技を続けたいという希望があった。○○大学には体育会△△部があり、部員の方々が切磋琢磨しながら練習に取り組んでいる姿を何度も見た。自主性を重んじる部の運営方針に共感し、私も一員となって活躍したいと考えている。

　私がこれからスポーツを続けていく時、必要だと感じたのは心理について学ぶことであった。心理状態とパフォーマンスは密接に関係すると感じていたので、その謎を解き明かしたいと思っていた。このことから、進学先はスポーツ系の学部ではなく、心理学が本格的に学べるところを望んでいた。そこで、部活動と心理学を両立できるのは、○○大学文学部しかないと思い、志望した。

　○○大学文学部では心理学を専攻して、スポーツ心理学の分野で活躍されている□□教授のもとで学びたいと考えている。心理学の勉強をじっくりと行えるカリキュラムが備わっているだけでなく、就職に有利であることも決め手のひとつだ。卒業後は、文部科学省やNPO法人といった部活動の指導者に指導方法を提案する立場の職に就きたいと考えている。貴学文学部では、法学や経済学といった公務員への就職には必要になる分野も履修することができる。このように幅広い学問を身につけることができるのは、文学のみにとらわれず学問全体を捉えることを目的とする貴学の魅力であると考えている。

　オープンキャンパスでの体験授業に参加した際、文学部の学生の皆さんが「大学では自主性が重要になる」と話していた。私も長い4年間の学びの中で、自主的に「こういう学びをしたい」ということを探り続けていきたい。私は、高校の部活動を通して特に自主性を身につけてきたと自負しているので、貴学文学部でそれを活かして積極的に学び、さらに伸ばしたい。そして将来は、自ら考え、よりよい社会づくりを提案することで活躍していきたい。

◎ **高等学校で何に力を入れ、どのような成果を上げましたか。具体的に書いてください。**

　私は高校まで△△競技に励んできたが、心理状態とパフォーマンスは密接に関わっていると常に実感してきた。たとえば、「挫折」という現象について心理学的に捉えてみよう。私も幾度となく挫折しそうになり、立ち直ることを繰り返してきた。これまでは、人間の心の弱さが「挫折」を生じさせるとされてきたが、最近では、感情のバランスによって挫折感に肯定的な意味合いを帯びさせるか、否定的な意味を付加するかが決まるといわれている。このように、どうして「挫折」という感情が生まれるのかは明らかになりつつある。

　一般に、指導方法は大きく分けて、叱ることと誉めることの2種類があるといわれている。どちらがより選手の力を伸ばすのかというと、そこには個人差があると考えられるが、近年では誉めることに注目が集められている。そこで、競技中の選手が無意識に求めている外部の雰囲気について、競技や年代、性別等にも配慮しつつ研究したいと考えている。

　たとえば、挫折感を覚えるきっかけとして大きいものは「自分の期待に反して指導者に認めてもらえなかった時」だ。私は、「挫折」を誉めて解消する仕組みをスポーツ指導の中に組み込んでいくことを考えている。

　いくら優れた技術が得られても、叱られて挫折していたとしたら宝の持ち腐れで終わってしまう。指導者が誉めることを通して選手の精神をコントロールし、「挫折」を肯定的に捉え、試合に勝つことを意識していきたい。そして、スポーツに打ち込む青少年にとって最適な環境を作り、楽しんでもらいたいと思っている。心理的に楽しめれば、おのずと運動したいという気持ちが高まるだろう。多くの青少年にスポーツを継続してもらうためにも、心理学を学ぶ必要があると考える。スポーツの力で心身ともに健全な社会を作りたい。

————————————————————문 제 점————————————————————

X 대학에서 하고 싶은 연구가 전달되지 않는다.

K(연구)의 결여

심리학에 관심이 있다는 점은 전달되고 있으나, 어떤 연구를 하고 싶은지 구체적으로 제시되지 않았습니다.

X 대학에 진학해야 하는 동기가 명확하지 않음.

D(동기)의 결여

심리학에 관심을 갖게 된 경험이나 학습의 의의는 나타나 있지만, 연구의 필요성까지 논의되지 않았습니다.

X 대학을 선택한 이유가 표면적이다.

S(선택)의 불적합

심리학 연구를 할 수 있는지에 대한 설명이 부족할 뿐만 아니라, 대학을 취업 준비 기관처럼 인식하고 있습니다.

일본대학, 지망이유서로 결정된다

X 자신이 노력한 부분이 명확하지 않다.

T(강점)의 불명확함

고등학교에서 힘을 쏟은 것이 스포츠 경기라는 점은 전달되고 있으며, 지망 이유와도 연관되어 있지만, 구체적으로 어떤 부분에 힘을 쏟았는지가 명확하게 제시되지 않았습니다.

X 강점을 습득한 경위가 제대로 설명되지 않았다.

K(경위)의 불명확함

심리 상태와 퍼포먼스에 대한 설명에 그치고 있으며, 성과나 자격 등, 노력의 결과로 얻은 장점에 대한 언급이 없습니다. 또한, 그러한 능력을 얻게 된 과정에 대한 설명도 부족합니다.

X 강점을 어떻게 활용할 것인지가 부족하다.

I(활용)의 결여

"힘을 쏟은 것" 자체가 구체적으로 서술되지 않았기 때문에, 그것을 어떻게 활용할 것인지도 제대로 설명되지 않았습니다.

------------------------------개 선 점------------------------------

- 심리학을 전공하여 연구하고 싶은 내용을 명확히 한다.
- 왜 심리학 연구가 필요한지 설명한다.
- 자신이 원하는 심리학 연구가 지망 학교에서 기능하다는 점을 주장한다.
- 스포츠 경기에서 어떤 부분에 힘을 쏟았는지 명확히 제시한다.
- 노력한 과정과 그 배경을 설명한다.
- 노력한 경험을 어떻게 활용할 것인지 설명한다.

------------------------------[After]------------------------------

◎ 文学部をなぜ第一志望としたのですか。また文学部で何を学び、将来どのように活かそうと考えていますか。具体的に書いてください。

　△△という競技は、心理戦を制した者が制すといわれている。プレーヤーは、試合相手の様子を見ながら瞬時に打球をコントロールすることが求められている。私が意識していたのは、たとえば相手の表情や息づかい、ポイントの高低など、私の心に影響を与える原因を探ることだった。その原因がわかると、試合の流れを自分が有利になるように進めるための最適な判断が下せると考え、日々戦ってきた。心理学に関心を持ったのは、こうした心の動きに影響を与える要素を探ってみたいと思ったからだ。私は当初、このような研究を重ねてアスリートの役に立ちたいと考えていた。
　しかし、心理学への興味が増すごとに、それ以上に人々の良き行動の指針に役立つ研究をしたい[2]と考えるようになった。私たち人間は、生きているうちに様々な選択に迫られる。そのような岐路に立っている人の心理を探ることができれば、そこでの誤った選択を制御する方法を人々が分かち合うことができる。心理学の研究成果を世に広めることは、人々が豊かな生活を営む上で非常に役立つ[2]のではないか。

　私は○○大学文学部での学びの中で、特に行動分析学[1]に興味がある。人の選択の要素を分析するためには、心理学だけでなく、文化論や社会・経済という分野も関わることを知り、人の心だけでなく文化と密接に関われる[1]ところに魅力を感じているからだ。そして、行動分析学を専門とする□□教授から、行動指針と心理の関係性について学ぶ[3]機会があるのも魅力的だ。このように、行動分析学の研究を進めるために必要な環境が整っている[3]ことが、貴学を志望した最も大きな理由だ。卒業後は、大学院社会科学研究科心理学専攻に進学し、部活動での経験を活かして地道に研究を重ねることでより厳密な分析に取り組みたい。[6]人々が幸せな選択をすることができるように、私が選択を支える役割を担いたいと考えている。

◎ 高等学校で何に力を入れ、どのような成果を上げましたか。具体的に書いてください。

　私は高校生活で、学業に加えて△△部の活動にも力を入れ、2年連続で県の強化選手に選ばれた。しかし、常に活動がうまくいったわけではない。レギュラーから外れた一部の部員が「他人より目立った努力をする必要がない」という空気を生み出し始め、意識の高い部員に影響を与えかねない事態になったことがあった。これは、△△という競技を純粋に愛している私にとって非常に辛いことだった。

　その時、まず自分が信頼を得る必要があると感じ、レギュラー外の部員の気持ちを汲み取り、チームのあり方について対話する機会をつくった。[4]そして、それぞれが個人目標を設定し努力することを提案し、チームの団結力や実力を高めようとした。最初は、こうした取り組みに批判的な目を向ける部員もいた。しかも私自身は部長ではなかったので、「権限を持たない立場なのに提案をした」と反感を持つ人がいたのも事実だ。そこで考えたのは、私自身が目標を立てて実践し、自らの課題を明確にしてフォームの改善、重心のチェック、戦略の見直しなどを続けることだった。こうすることで、試合の展開も変化する。私が部員に対して、こうした改善目標の達成が成果に結びつくことを継続的に伝え続け、実践することによって、練習前や休憩時間に自主練習を行う人が少しずつ増えてきた。[5]春を迎える頃には、徐々に皆の意識が変わってきた[5]ことが感じられた。関東大会県予選では、個人戦においてマッチポイントを取られながらも重圧を乗り越えて出場権を勝ち取った。その力の源はチームの団結にあったのだと思う。

　今となってその頃を振り返ると、私は部員の心に寄り添い、受け入れるとともに、工夫してチームの成長を促そうとしていた。いわばリーダーとしての素質を磨いていたのだと感じている。そのような努力が、創部以来初の団体戦○○大会出場を果たし、その後の大会でも過去最高の結果を残すことにつながったと自負している。

1 O 무엇을 연구하고 싶은지 명확함.	2 O 연구과제를 정한 동기가 명확함.	3 O 지망 학교를 선택한 이유가 명확함.
K(연구)의 명확함	**D(동기)의 명확함**	**S(선택)의 명확함**
"심리학 연구를 하고 싶다"로 끝내지 않고, 행동분석학이라는 관점에서 인간의 선택 요소를 연구하고 싶다고 서술하고 있습니다.	심리학 연구가 사람들의 풍요로운 삶에 도움이 된다는 점을 나타내며, 연구가 사회에 있어 중요한 것임을 표현할 수 있었습니다.	지망 학교에서 충분한 연구를 수행할 수 있음을 설명하고, 이를 지망 이유로서 서술할 수 있었습니다.
4 O 강점을 명확하게 어필하고, 추천 이유를 명확히 연결하고 있다.	5 O 강점을 습득한 과정을 잘 설명하고 있다.	6 O 강점을 어떻게 활용할 것인지 명확하게 서술하고 있다.
T(강점)의 명확함	**K(경위)의 명확함**	**I(활용)의 명확함**
부 내에서 신뢰를 얻는 것에 힘을 쏟고, 그 결과 성과를 거두었다는 점이 명확하게 나타나 있습니다.	부 내의 문제를 파악한 후, 신뢰를 어떻게 얻었는지 그 목적과 과정이 잘 설명되었습니다.	"힘을 쏟은 것"을 어떻게 활용할 것인지에 대해, 지망 이유와 연계하여 서술할 수 있었습니다.

국알지 – 일본 국립대 출신이 알려 주는 지망이유서

국알지는 일본 [교토대] 출신들이 **지망이유서(志望理由書), 연구계획서, 면접 대비** 등 일본 대학·대학원 입시의 핵심 과정을 전문적으로 지원합니다.

또한, 일본대학 지망이유서 최고 전문가의 자료, 명문대 합격 지망이유서 사례를 분석하여, 유학생을 위한 맞춤형 지망이유서 & 면접 컨설팅을 진행합니다.

일본 유학을 준비하는 과정에서 가장 중요한 것은 **'나만의 스토리를 효과적으로 전달하는 것'**입니다. 국알지가 학생들의 시행착오를 줄이고, **'일본 명문대 합격의 길'**로 안내하겠습니다.

국알지는 단순한 첨삭이 아닙니다.

✔ **맞춤형 컨설팅** - 학생 한 명 한 명의 목표와 개성을 반영

✔ **효율적인 전략** - 시행착오를 줄이고 최적의 방향 제시

✔ **합격을 위한 조력자** - 경쟁력 있는 지원서 완성

국알지는 '학생들의 꿈을 실현하는 파트너'입니다.

입시는 정보와 전략이 좌우합니다.

국알지는 학생들의 꿈을 실현하는 파트너로서, 여러분이 목표한 학교에 한 걸음 더 가까워질 수 있도록 돕겠습니다.

더 많은 정보는 블로그에서!

✔ blog.naver.com/tokyoplus

일본대학, 지망이유서로 결정된다

일본대학 지망이유서 최고 전문가 소개 - 神崎 史彦, 칸자키 후미히코

AO·추천인 시험 대비 「칸자키 메소드」 대표. 호세이대학 법학부 법률학과를 졸업하였으며, 최종적으로 게이오기주쿠대학 대학원 정책·미디어연구과에서 석사 학위를 취득하였다. 대형 통신 교육 회사(Z회)에서 국어 및 소논문 문제 출제를 담당했으며, 토신 하이스쿨·토신 위성 예비학교, 히토츠바시 학원, 에이코 세미나 나비오에서 강사로 활동하는 한편, 전국 각지의 고등학교와 대학에서 소논문 관련 강연 및 강의를 진행하고 있다. 고등학교에서는 연간 60회 이상의 강연을 실시하며, 수강자 수는 총 5만 명을 넘어선다. 또한 소논문 교재 및 모의시험 문제 출제도 담당하고 있다(제일학습사). 작문 및 소논문 지도 전문가이다. 저서로는『大学入試小論文の完全攻略本』,『大学入試小論文の完全ネタ本』시리즈(의·치·약계/간호·의료계 편, 사회과학계 편, 인문·교육계 편, 자연과학계 편),『看護医療技術系の問題集 小論文』,『看護医療技術系の志望理由書の書き方』,『高校入試 作文·小論文の書き方』,『特化型小論文チャレンジノート 看護·福祉·医療編』,『志望理由書·自己PR文 完成ノート』등이 있다.

ⓒ 국알지, 2025

초판 1쇄 발행 2025년 5월 28일

저자   칸자키 후미히코
역자   국알지
펴낸이   이기봉
편집   좋은땅 편집팀
펴낸곳   도서출판 좋은땅
주소   서울특별시 마포구 양화로12길 26 지월드빌딩 (서교동 395-7)
전화   02)374-8616~7
팩스   02)374-8614
이메일   gworldbook@naver.com
홈페이지 www.g-world.co.kr

ISBN   979-11-388-4287-7 (03370)

• 가격은 뒤표지에 있습니다.
• 이 책은 저작권법에 의하여 보호를 받는 저작물이므로 무단 전재와 복제를 금합니다.
• 파본은 구입하신 서점에서 교환해 드립니다.